EDITORIAL

> Schon der Name „Andalusien" ruft einen bunten Bilderrausch hervor.

*Der Fotograf **Arthur F. Selbach** ist in Hamburg zu Hause, hat aber eine Vorliebe für Spanien und den Süden Europas. Für diesen Bildatlas ist er mehrfach durch Andalusien gereist.*

***Lothar Schmidt** ist Journalist. Er hat mehrere Jahre in Spanien gelebt und bereist das Land regelmäßig. Landschaft, Kultur und Leben in Andalusien begeistern ihn immer wieder aufs Neue.*

Liebe Leserinnen, liebe Leser!

Andalusien ist für viele Deutsche das Wunschreiseziel schlechthin. Woran das liegt? Schon der Klang des Namens ruft einen bunten Bilderrausch hervor. Frauen in farbenprächtigen Flamencokleidern, maurische Paläste wie in Tausendundeiner Nacht, hitzeflirrende Sonnenblumen- und Getreidefelder, weiße Dörfer, geschmückt mit bunten Geranien und Bougainvillea im Hinterland. Was fehlt noch? Ja sicher, Stierkampf, Sherry und Strände. All das sind weit mehr als Klischees, all das macht Andalusien wirklich aus.

Sonnenland Andalusien

Durch die „beinahe" Schönwettergarantie wird Andalusien als Reiseziel noch interessanter. Immerhin zeigt sich an der Costa del Sol an rund 300 Tagen im Jahr die Sonne und scheint pro Tag im Durchschnitt 7,7 Stunden (München bringt es im Vergleich dazu gerade mal auf 4,6 Sonnenstunden). Was die Touristen erfreut, wird jetzt auch zunehmend zur Energiegewinnung genutzt. In solarthermischen Kraftwerken wird Sonne zu Strom. In Andalusien steht das derzeit größte Solarkraftwerk der Welt. Es liefert Strom für 200 000 Menschen. Doch selbst Solarkraftwerke fordern ihren Tribut an die Umwelt. Welchen und wie sich Spanien den weiteren Umgang mit Solarenergie vorstellt, erfahren Sie im DuMont Thema auf S. 30 f.

Mit den Wölfen heulen

Nach so viel Technik möchte ich Sie in die Natur entführen. Bei meiner letzten Andalusienreise bin ich der Empfehlung unseres Autors Lothar Schmidt gefolgt und habe an einer „Wolfsheulnacht" im Lobo Park teilgenommen. Es ist ein einmaliges Erlebnis, wenn in einer sternenklaren Nacht der Gesang der Wölfe ertönt. Bei der gut vierstündigen Nachttour erfährt man zudem noch viel Wissenswertes über das Sozialverhalten der scheuen Tiere (S. 65). Absolutes Kontrastprogramm dazu, aber nicht minder interessant ist der Aktiv-Tipp auf S. 97. Er führt in die NMAC Stiftung für zeitgenössische Kunst, zu einem der spannendsten Kunstziele Andalusiens!
Herzlich

Ihre
Birgit Borowski

Birgit Borowski
Programmleiterin DuMont Bildatlas

36 Tolle Ausblicke gewährt der Paraje Natural El Torcal mit seinen faszinierenden Felsen nahe Málaga.

108 Gitarre, Gesang, Klatschen – das alles gehört zum Flamenco, dem ausdrucksstarken Tanz aus Andalusien

74 Bei den Ruinen des Ausgrabungsgeländes der Medina Azahara fasziniert ein neues Museum.

Impressionen

8 Weite Landstriche zum Wandern und weiträumige Plätze in den Stadtzentren, großartige Bauwerke wie die Alhambra in Granada und Städte wie Sevilla mit pulsierendem Leben am Abend – das alles ergänzt sich in Andalusien.

Granada und der Osten

20 **Im Glanz der Architektur**
Überwältigend wie einst sind die große Anlage der Alhambra und die Gärten der Generalife, aber auch die gewaltigen Dimensionen der Kathedrale in Granada. Bei Almería locken Strände und ein Nationalpark.

DUMONT THEMA
30 **Es werde Strom**
Andalusien setzt auf Solarenergie. Das derzeit größte Solarkraftwerk der Welt steht bei La Calahorra.

32 **Straßenkarte**
33 **Infos & Empfehlungen**

Jaén und Nordosten

36 **In schönster Renaissance**
Neben Jaén begeistern Städte, die mit ihren Bauten geradezu als „Schatzkästchen" bezeichnet werden können. Die Sierra de Cazorla hält ihre wunderbare Bergwelt dagegen.

46 **Straßenkarte**
47 **Infos & Empfehlungen**

Málaga / Costa del Sol

50 **Große Kunst an sonniger Küste**
Das Picasso-Museum in Málaga vermittelt großartige Werke des Malers. Marbella, Gibraltar und die weißen Dörfer bei Ronda sind weitere Hotspots an der Costa del Sol.

UNSERE FAVORITEN

Best of ...

18 **Panoramastraßen**
Fahrten über schmale Bergstraßen und Landstraßen eröffnen weite, teils atemberaubende Blicke und neue faszinierende Perspektiven.

44 **Versteckte Highlights**
Fernab des städtischen Trubels lässt sich wunderbar Zeit in einem weißen Dorf verbringen oder in einer Landschaft mit Olivenbäumen.

60 **Gerichte in Andalusien**
Die Region über ihre typischen Gerichte wie Tapas oder Gazpacho, Rabo de Toro oder Mojama erleben – gibt es etwas Besseres?

INHALT

62 Straßenkarte
63 Infos & Empfehlungen

Córdoba und Umgebung

66 **Maurische Pracht**
Wo sonst kann man einen solchen Palmenhain aus Marmor und Jaspis betrachten? Unvergleichlich ist die Mezquita von Córdoba. Zur Entdeckung ihrer Schönheit lädt die Sierra Subbética.

DUMONT THEMA
74 **Ein Museum gräbt sich ein**
Der Medina Azahara wurde ein ganzer Museumskomplex zur Seite gestellt. Den Architekten gelingt es, einen Bogen über eintausend Jahre zu spannen.

76 Straßenkarte
77 Infos & Empfehlungen

Cádiz und Umgebung

80 **Weite am Atlantik**
Sich mal richtig den Wind um die Nase wehen lassen, Kite-Surfen, die Sonne spüren – die Buchten an der Westküste sind dazu ideal. Einige Kilometer ins Landesinnere – und schon genießt man in einem der malerischen weißen Dörfer, der „pueblos blancos", einen Kaffee.

DUMONT THEMA
90 **Der Wein des Südens**
Letztlich ist Sir Francis Drake der Export des Sherrys zu verdanken.

94 Straßenkarte
95 Infos & Empfehlungen

80 Cádiz bezieht seinen Charme alleine schon aus dem hier herrschenden Licht. Von der Stadt sind die Atlantikstrände gut erreichbar.

Sevilla und der Westen

98 **Junge, alte Stadt voller Charme**
Das charmante Sevilla hat viele Feste zu bieten. In der Nähe folgt man den Spuren von Kolumbus.

DUMONT THEMA
108 **Tanz in die Stille**
Eva Yerbabuena interpretiert den Flamenco.

112 Straßenkarte
113 Infos & Empfehlungen

Anhang

116 Service – Daten und Fakten
121 Register, Impressum
122 Lieferbare Ausgaben

DuMont Aktiv

Genießen   Erleben   Erfahren

35 **Pass für Aktive**
Skifahren und Wandern auf dem Pass des Puerto de la Ragua

49 **Geführt in die Wildnis**
Mit dem Geländewagen durch den Nationalpark

65 **Mit den Wölfen heulen**
... im Lobo Park

79 **Radtour zwischen Berg und Olive**
Durch die Bergwelt der Sierra Subbética

97 **In der Farbe des Himmels**
Spaziergang ins spirituelle Kunstwerk

115 **Der Park ruft – Tour auf vier Rädern**
... in die Dünen des Nationalparks Doñana

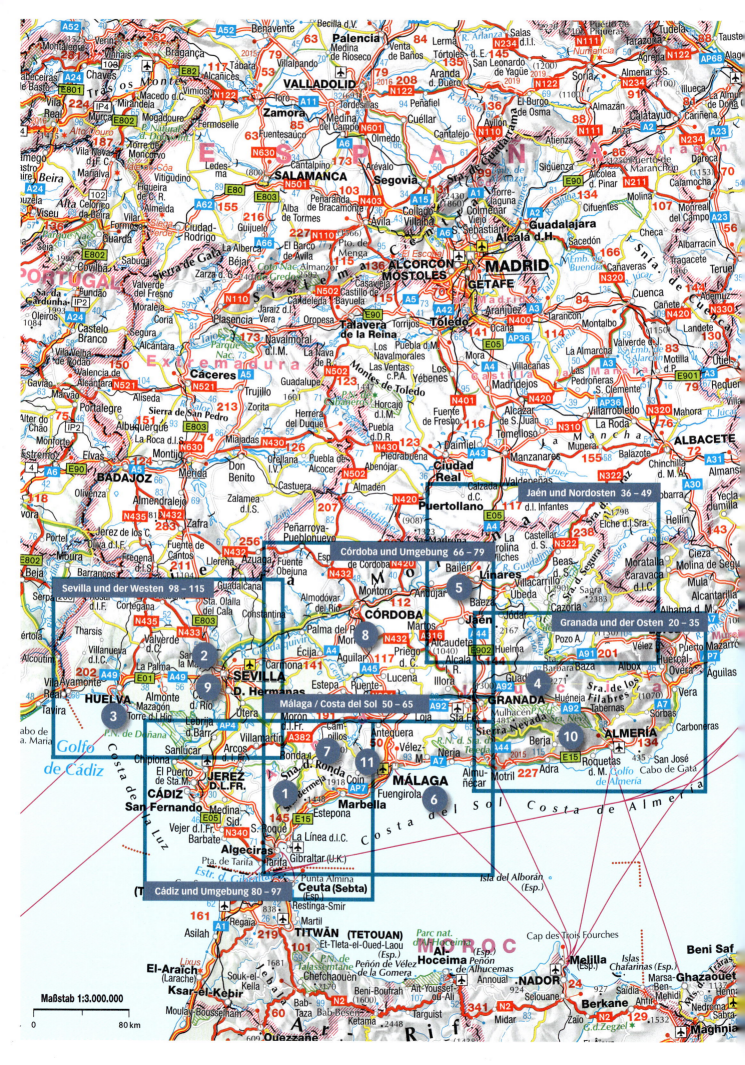

INHALT
6 – 7

Topziele

Die bedeutendsten Ziele in Andalusien aus den Bereichen Natur, Kultur und Erleben haben wir hier für Sie zusammengestellt. Auf den Infoseiten ist das jeweilige Highlight mit **TOPZIEL** *gekennzeichnet.*

ERLEBEN

1 Weiße Dörfer: In der Sierra de Cádiz reiht sich beinahe eins an das andere. Seite 97

2 Semana Santa, Sevilla: Die Karwoche wird mit großen Prozessionen in Sevilla begangen, Kapuzenmänner sind Teil des Spektakels. Seite 114

3 Pilgerweg nach El Rocío: Die Wallfahrt vor Pfingsten zieht gut eine Million Menschen an. Seite 115

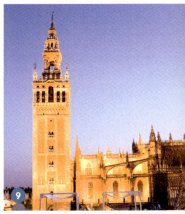

7 Bergstädtchen: Gefährlich nah am Felsrand ist Ronda positioniert, und gerade deshalb ist es so beeindruckend. Seite 64

8 Mezquita in Córdoba: Marmor und Jaspis ergänzen sich zu einem harmonischen Ensemble in der Mezquita von Córdoba. Seite 77

9 Sevillas Wahrzeichen: Die Giralda, das einstige Minarett, ist von einem Ornamentmuster überzogen. Sie bildet nun den Glockenturm der Kathedrale. Seite 113

KULTUR

4 Alhambra, Granada: Aus verzierten Bauten, Innenhöfen und Gärten setzt sich der Komplex der Alhambra in Granada zusammen. Seite 33

5 Renaissancestädte: Úbeda und Baeza gelten als Städtchen, an denen sich die Renaissance-Baukunst charmant ablesen lässt. Seiten 47 und 48

6 Pablo Picasso, Málaga: Werke des Malergenies Pablo Picasso, sind in seiner Heimatstadt Málaga versammelt. Seite 63

NATUR

10 Sierra Nevada: Im Winter rauschen Skifahrer die Hänge hinab, der Sommer bringt Wanderer und Biker in die Sierra Nevada. Seite 34

11 El Torcal: Schicht um Schicht aus Stein: Bizarr sind die Formationen im Naturpark El Torcal. Seite 65

Städtische Leichtigkeit

Beinahe wie schwebend wirkt das Ensemble auf der Plaza vor dem Rathaus in Cádiz: Palmen, Fassaden, Menschen – alles ist in ein helles Licht getaucht, wie es nur im Süden in Erscheinung tritt. Das Ayuntamiento (Rathaus) blickt schon seit zwei Jahrhunderten auf das geschäftige Treiben vor seinem Arkadengang.

Wanderlust in Andalusiens Naturparks

Keine Frage, Andalusien ist das Land mit einer großartigen Kultur, mit herrlichen Stränden und faszinierenden Städten. Sportlich Aktive aber kommen ebenfalls auf ihre Kosten: Wildromantisch gibt sich im Hinterland die Sierra de Grazalema mit ihren schroffen Felsen, den Schluchten und bewaldeten Berghängen ...

IMPRESSIONEN
12 – 13

In strahlendem Weiß mit violetten Tupfen

Steile Gassen, weiß getünchte Häuser und üppiger Blumenschmuck – ein solches weißes Dorf könnte man schöner nicht malen. Kopfsteingepflasterte Gassen verbinden die Häuser, die wie in Frigiliana dem „pueblo blanco" seine Bezeichnung geben. Unschwer erkennbar ist in weißen Dörfern wie diesem der maurische Einfluss.

Dolce Vita in Sevilla

Wen würde es da schon wieder ins Hotel ziehen? Sevillas laue Sommernacht ist viel zu schön, als dass man nicht spätabends noch in einer Bar etwas sitzen bleibt. Einheimische und Touristen flanieren vorbei, das leise Gemurmel der Leute an den Tischen erfüllt die Gassen.

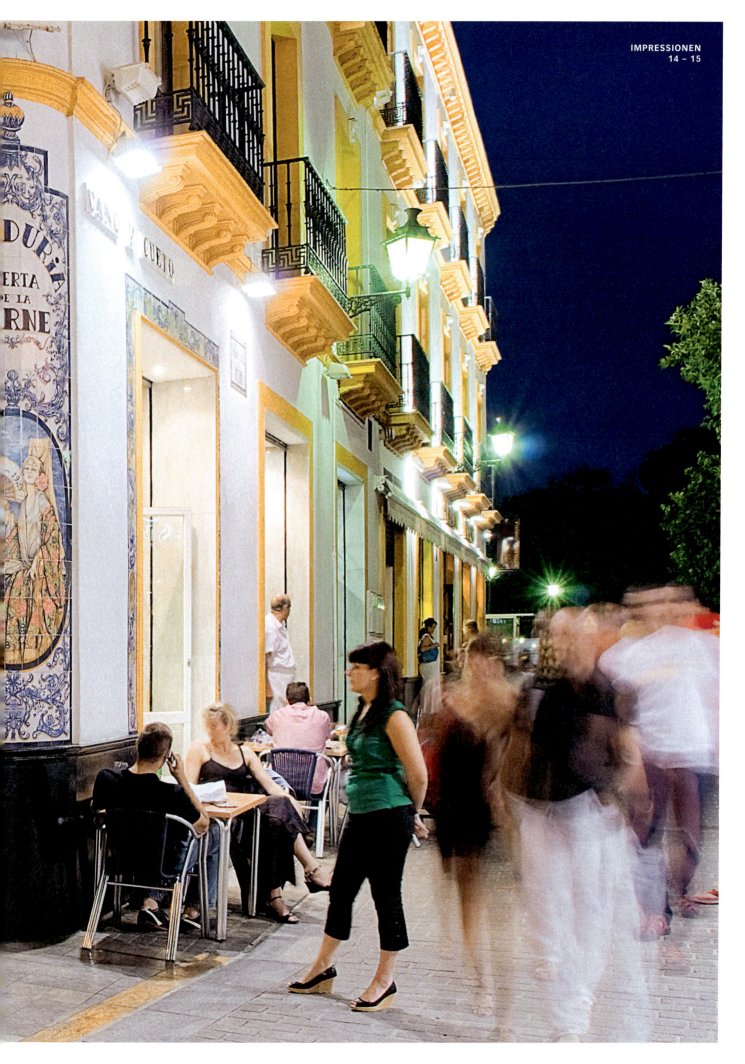

IMPRESSIONEN
14 – 15

Von maurischem Zauber

Der schönste Blick auf die Alhambra von Granada schließt die schneebedeckten Berge im Hinterland gleich mit ein. Von außen beeindruckt die Komplexität des Baus. Beim Gang durch die Paläste und Innenhöfe lässt sich schnell nachvollziehen, dass auch viele Dichter von der Schönheit der Alhambra fasziniert waren.

IMPRESSIONEN
16 – 17

UNSERE FAVORITEN

Die besten Panoramastraßen

Roadmovie-Feeling

Schmale Bergstraßen mit grandiosen Ausblicken, Landstraßen mit Roadmovie-Feeling, Küstenstraßen wie aus dem TV-Spot. In Andalusien kann Auto- oder Motorradfahren ein reines Vergnügen sein. Die hier vorgestellten Strecken werden Sie begeistern!

④ Das Weiß der Dörfer

Die A 369 zwischen Ronda in den Bergen und Algeciras an der Küste ist, wenn man so will, der Klassiker unter den Traumrouten. In einer langen Abfahrt über Algatocín (Abb.) etwa nähert man sich dem Meer, das hier aber nicht das eigentliche Ziel, sondern nur das Ende der Route ist. Spannend sind die Ausblicke über die Serranía de Ronda, die Täler und Hügel, an denen die typisch weißen Dörfer kleben. Unbedingt ansehen sollte man sich unterwegs Gaucín und die Burg Castellar de la Frontera. Vielleicht legt man hier gleich eine längere Pause ein und spaziert durch das schöne „pueblo blanco" hinauf zur ehemals maurischen Ruine.

Ronda – Algeciras
Länge: 116 km
Dauer: ca. 1 Std. 40 Min.

① Asphaltträume

Eine Autobahn würde man auf einer Liste der Traumrouten nicht unbedingt vermuten. Doch die A 92 von Almería nach Guadix beglückt mit einem Roadmovie-Feeling, wie es in Europa wohl einzigartig ist. Die Strecke führt erst durch die Westernlandschaft der Halbwüste Tabernas, um sich dann langsam auf das Hochtal der Altiplanos vorzuarbeiten. Hier erwartet den Fahrenden eine grandiose Weite, die von den Gebirgszügen der Sierra Nevada und der Sierra de Baza gerahmt wird.

Almería – Guadix,
Länge: 110 km,
Dauer: ca. 1 Std. 20 Min.
(allgemein: angegeben ist die reine Fahrzeit, die Angaben sind Ca.-Angaben)

② Durch den Nationalpark

Die Strecke ist fast ein Rundkurs. Nur ein kurzes Stück Schotterpiste, das aber nicht befahren werden darf, liegt zwischen Start und Ziel. Wir wählen eine andere Strecke. Oberhalb des Riffs der Sirenen, am Leuchtturm des Cabo de Gata und damit ganz im Südosten Andalusiens, geht es los über die AL 3115. Einsam, verlassen und wüstenhaft wirkt die Gegend. Die Küstenstraße führt am kilometerlangen Strand vorbei und dann zu den Salzseen, auf denen oft Flamingos zu sehen sind. Über die ehemalige Vulkanlandschaft des Naturparks Cabo de Gata-Níjar (AL 3201, dann AL 3108) erreicht man den Ferienort San José, in dessen Jachthafen leise die Masten klirren. Der Ferienort ist beliebt als Übernachtungsort und Ausgangspunkt für den Naturpark. Über eine Schotterpiste gelangt man nun zu den Traumstränden Playa de Mónsul und Media Luna.

Cabo de Gata – San José
Länge: 36 km
Dauer: ca. 1 Std.

③ Grandiose Einsamkeit

Der Naturpark Sierras de Cazorla, Segura y Las Villas hat nicht nur einen sehr langen Namen, er erstreckt sich auch auf ein riesiges Gebiet. Die Strecke (A 319) vom hübschen Cazorla aus über den ersten Gebirgsrücken bis hin zum Stausee el Tranco steht stellvertretend für die großartige und abgeschiedene Natur des Nationalparks.

Cazorla – Embalse del Tranco
Länge: 60 km
Dauer: ca. 2 Std.

UNSERE FAVORITEN
18 – 19

5 Mit Blick auf die Surfer

In Conil de la Frontera biegt man auf die Küstenstraße A 2233 in Richtung Palmar ab. Nach dem an einem weißen Strand gelegenen Ort, der gerne von Surfern aus Sevilla besucht wird, erreicht man südöstlich rasch das Cabo de Trafalgar (Kap von Trafalgar) und das ehemalige Hippiedorf Los Caños de Meca. Kleine Buchten laden hier zum Baden. Durch einen herrlichen Pinienhain geht es nach Barbate, dem Zentrum der Thunfischfischerei. Großartig ist das Sträßchen A 2231, das entlang der Küste nach Zahara de los Atunes führt. Rund 17 km sind es von hier bis zur N 340, auf der Sie an den Surferstränden von Tarifa vorbeigleiten. Sicher schauen auch Sie schließlich staunend beim Mirador del Estrecho, dem Aussichtspunkt auf etwa 300 m Höhe, über die Meerenge auf die Küste Nordafrikas, die sich im Zwielicht abzeichnet.

Conil de la Frontera – Mirador del Estrecho
Länge: 92 km
Dauer: ca. 2 Std.

6 „Pass der Tauben"

Die vielleicht schönste Passstraße Andalusiens führt von Zahara de la Sierra über die CA 531 zur A 372. Der „Pass der Tauben" windet sich in einem kurvenreichen schmalen Asphaltband auf über 1300 Meter. Die Ausblicke über das Umland von Ronda und die Sierra de Grazalema sind so beeindruckend, dass man jede Parkmöglichkeit nutzen sollte, um einen ungefährdeten Blick auf die grandiose Natur zu werfen.

Puerto de la Palomas
Länge: 15 km
Dauer: ca. 45 Min.

7 Landschaften mit Charakter

Erst geht es auf der HU 8105 durch die tiefgrünen Laubwälder der Sierra de Aracena, vorbei an den schönen Dörfern Alájar und Linares de la Sierra. Auch Aracena ist einen Besuch wert, ehe Sie auf der A 479 durch eine milde, sich sanft ausschwingende Landschaft gleiten. Kontrastreich ist das Ende dieser Route. Minas de Riotinto ist ein riesiges Tagebaugebiet für den Abbau vor allem von Kupfer. Die zerklüftete Landschaft vermittelt ein eindrucksvolles Bild.

Almonaster la Real – Minas de Riotinto
Länge: 60 km
Dauer: ca. 1 Std. 30 Min.

Im Glanz der Architektur

Von gewaltigen Ausmaßen ist die Kathedrale von Granada, jener Stadt, wo die Alhambra noch von der maurischen Herrschaft erzählt. Mit dem zauberhaften Palast der Nasriden und den Gärten des Generalife, den malerischen Bergnestern der Alpujarras und den wüstenhaften Landschaften um Almería kommt Andalusien dem Norden Afrikas sehr nah.

Mächtig drängen die Säulenbündel der Kathedrale in Granada in die Höhe. Wer wird nicht staunen, angesichts all dieser Pracht?

Der Löwenhof der Alhambra – maurische Bauelemente wie Muqarnas, Säulen, Arkaden und weitläufige Innenhöfe in ihrer schönsten Form.

Bis ins kleinste Detail ist der Myrtenhof der Alhambra verziert.

Mit der Regentschaft der Katholischen Könige, denen die kunstvollen Marmor-Sarkophage in der Kathedrale von Granada gewidmet sind, endete die Maurenherrschaft in Andalusien.

GRANADA UND DER OSTEN

Architektonisch so ganz anders, so viel strenger als die maurische Baukunst: der Palast Karls V. in der Alhambra.

Kühles, sprudelndes Nass in Schatten spendenden Innenhöfen – die Mauren wussten ihre Bauweise auf die klimatischen Lebensbedingungen einzustellen.

Ob er nun geweint hat oder nicht – man weiß es nicht. Vielleicht war es auch nur ein Seufzer, der der trauerschweren Brust des Herrschers entfuhr. Es ist der 2. Januar 1492. Abu Abd Allah Mohammed, genannt Boabdil, letzter Herrscher eines maurischen Reiches auf der Iberischen Halbinsel, hat Schlüssel und Siegel seiner Stadt an König Ferdinand und dessen Gefolge übergeben müssen. Eskortiert von 50 Reitern, schickt er sich an, sein kleines Reich für immer zu verlassen. Auf einer Anhöhe, südlich der Vega von Granada, hält er sein Pferd an und schaut auf jenes Panorama, dem selbst die Wohnblockarchitektur unserer Tage wenig anhaben kann. Über einen Gebirgsausläufer zieht sich der Alhambra-Palast, während sich

Mehr als 200 Jahre hatte sich das Taifat dem Druck der Christen widersetzen können.

weiter östlich die schneebedeckte Sierra Nevada in den Himmel reckt. „Hättest du gekämpft wie ein Mann, müsstest du jetzt nicht heulen wie ein Weib" – soll die Mutter Boabdils gesagt haben. „El Suspiro del Moro", der Seufzer des Mauren, so heißt der Passübergang zwischen dem Tal von Granada und den Alpujarras noch. Aber hatte Boabdil eine Chance, Granada zu halten? Immerhin mehr als 200 Jahre hatte sich das kleine Königreich beziehungsweise Taifat mit allerlei diplomatischen Kunststücken dem Druck der Christen aus dem Norden widersetzen und den Intrigen und Kriegen im eigenen Land sowie der ständigen Angst vor den mächtigen Almohaden im heutigen Marokko widerstehen können.

Abschluss der Reconquista
Über zehn Jahre zog sich der Kampf unter den Katholischen Königen um Granada hin. Es ging um mehr als die Eroberung eines kleinen, durch Bürger-

Gedämpftes Licht, gedämpfte Atmosphäre: Im arabischen Bad entspannt man wie eh und je.

Auch die Restaurants im Viertel Albaicín in Granada unterstreichen das arabische Flair, ...

... das im Gassengewirr immer wieder auflebt.

Dicht an dicht hängt der Jamón Ibérico, der Schinken, in der Bodega von der Decke.

kriege geschwächten Landes. Von dem Palast „al hamra", der roten Festung, auf dem Sabica-Hügel wurde das letzte muslimische Reich der Halbinsel regiert. Für das kastilisch-aragonesische Königspaar Isabella und Ferdinand ging es um die als heilig empfundene Aufgabe, die christliche Rückeroberung, die Reconquista Spaniens, abzuschließen. Mit der Kapitulation Boabdils war ein Teil der Aufgabe vollbracht.

Doch wie gewinnt man das Vertrauen der Menschen, wie macht man aus einem mehrheitlich muslimisch geprägten Land ein christliches? Die Grausamkeiten der Inquisition, einschließlich Enteignung und Vertreibung, die alltäglichen Verbote und Repressalien, unter denen Muslime und Juden zu leiden hatten, zeigen, dass man bei der Durchsetzung christlicher Lebensweisen mit äußerster Härte vorging. War diese Intoleranz der einzige Weg, um sich gegenüber der hochentwickelten orientalischen Kultur zu behaupten? Über Jahrhunderte war die arabische Kultur führend in der Heilkunst, der Astronomie und Mathematik und im Handwerk gewesen. Noch heute steht man staunend im Comares-Palast, im Löwenhof oder unter dem überwältigenden Schmuck der Muqarnas-Kuppeln, die ihren Namen von den prismenförmigen Stuckaturen haben. Die Anmut der Patios hat wohl selbst den abgebrühten Söldnern Napoleons einen gewissen Respekt eingeflößt. Die Truppen, die unzählige Kirchen und Festungen in Europa niederbrannten, verschonten dieses Glanzstück der Baukunst.

Aufbruch zur Toleranz

Für den Tourismus ist die Alhambra von Granada von unschätzbarem Wert, auch wenn es der Palast nicht in den erlauchten Kreis der „neuen sieben Weltwunder" geschafft hat. Vielleicht ist das auch gut so, mehr als zwei Millionen Besucher pro Jahr dürfen ohnehin nicht das Welterbe betreten.

rokkanischen Restaurants und Souvenirläden. Seit einigen Jahren gibt es auf dem Albaicín wieder eine Moschee – es war die erste in ganz Spanien. Wie man sich durchaus vorstellen kann, war ihr Bau höchst umstritten.

Wäre es nicht ein schöner Gedanke, dass nach den Jahrhunderten der Vertreibung und Ausgrenzung wieder ein Zeitalter der gegenseitigen Toleranz beginnen würde? Granada ist jedenfalls genau der richtige Ort dafür.

Im Schutz der Berge

Die Schönheit Granadas und der Alhambra ist erst vollkommen, wenn die Gip-

Internationales Publikum belebt die Stadt Granada.

Auch ist Granada kein Museum, kein Ort, der sich auf seinen Wundern ausruht. Für neue Ideen sorgen schon die rund 80 000 Studenten, und auch das internationale Publikum, das vor Ort Spanisch lernen will. Lebendige Vielfalt bringen zudem die Einwanderer aus Südamerika und Nordafrika.

Das muslimisch-arabische Erbe lebt wieder auf – nicht nur in Teestuben, ma-

fel der Sierra Nevada ihrem Namen alle Ehre machen und mit Schnee glänzen. Wie lange sich die bis auf 3478 Meter aufragende Sierra noch südlichstes Skigebiet Europas nennen kann, ist fraglich. Der Klimawandel, das große Schreckgespenst, macht es zunehmend schwerer, Sonne und Schnee unter einen Hut zu bekommen. Schon seit Jahren werden deshalb – wie in anderen Skigebieten

Hermetisch wirkt die Festung La Calahorra mit ihren runden, überkuppelten Ecktürmen.
Sie setzt im Norden der Sierra Nevada einen baulichen Akzent.

Fernab der Citys zieht sich der Altiplano, dessen Weitläufigkeit
innerhalb der Gebirgszüge beeindruckt.

Federico García Lorca

Ein Haus voll freier Gedanken

Special

Im Geburtshaus von Federico García Lorca (1898–1936) in Fuente Vaqueros lässt sich noch etwas von der Atmosphäre spüren, die den jungen Dichter inspirierte. Auch andere Stätten bringen sein Leben nahe.

Im Landhaus in der Huerta de San Vicente vor den Toren Granadas verbrachte er jeden Sommer von 1926 bis zu seiner Ermordung im Jahr 1936. Heute ist aus dem Garten ein Stadtpark geworden, denn längst liegen die Grenzen Granadas jenseits des Sommerhauses mit seinen grünen Fensterläden und dem Zimmer des Dichters im ersten Stock. Dort hat Lorca, Weggefährte von Luis Buñuel und Salvador Dalí und vielleicht der bedeutendste spanische Dichter des 20. Jahrhunderts, u. a. „Bluthochzeit" (1932) geschrieben. Es muss ein offenes Haus gewesen sein, voller Poesie und fortschrittlicher Gedanken. Zu frei für den engen Horizont einiger Faschisten, die dem jungen Dichter

Ausstellung im Haus in Fuente Vaqueros

den Erfolg missgönnten, sich an seiner Homosexualität störten – und ihn, vielleicht auch aus anderen Gründen, am 18. August, kaum dass der Bürgerkrieg begonnen hatte, erschossen. Der Ort des Verbrechens, ein Olivenhain bei Alfacar (9 km nördl.), ist heute ein Gedenkpark. Ebenso wie die Stätte in Víznar (9,5 km nördl.), wo der Dichter gemeinsam mit anderen Opfern des Faschismus in einem anonymen Massengrab verscharrt wurde.

Ein lauschiges Plätzchen im Patio des Geburtshauses von García Lorca

auch – die Sportangebote ständig erweitert, um die Bergwelt zu allen Jahreszeiten auf diese Art erlebbar zu machen. Die Südflanke des Gebirgszugs ist besonders schön. Eine schmale, kurvenreiche Strecke führt zu den kleinen weißen Dörfern der Alpujarra, die an steilen Berghängen kleben.

Wege in die Wüste ...

Es gibt sicher eindrucksvollere Passstraßen in Andalusien als den Puerto de la Ragua zwischen den Alpujarras und La Calahorra. Doch die Aussicht, die sich bei der Abfahrt nach Norden bietet, ist schlicht atemberaubend. Vom Rücken der Sierra Nevada überblickt man die kaum bewohnten Weiten des Altiplano und der Badlands. Dieses Land ist so bedrängend in seiner Stille und Einsamkeit, dass man sich eher in einer Region jenseits des Atlas glaubt als im gemäßigten Europa. Durch den Klimawandel könnte in den kommenden Jahrzehnten mehr als ein Viertel der Landesfläche zur Wüste werden.

Eine Vorstellung davon kann man schon jetzt im Osten Andalusiens bekommen, in einem weiten, semiariden Gebiet, das sich von der Sierra Mágina bis zur Südostspitze, dem Cabo de Gata, erstreckt. Je weiter man nach Osten reist, desto karger wird das Land. Mit dem Flüsschen Rio Nacimiento senkt sich das Hochtal zwischen den Ausläufern der Sierra Nevada und der Sierra de los Filabres zur Tabernas-Wüste.

Frühlingserwachen

Doch nicht die Tabernas-Wüste hält den Minusrekord, wenn es um durchschnittliche Niederschlagsmengen geht. Mit rund 150 Milliliter pro Jahr ist die Küste um das Cabo de Gata die trockenste Region Europas. Umso erstaunlicher ist daher, was im Frühling mit dem öden Vulkanland passiert: Allerlei Steppengewächse blühen auf, in den Tälern tupfen wilde Klatschmohnfelder das zarte Grün. Manchmal sieht man einen Hirten mit einer Ziegenherde romantisch

Alle sind sie im Osten Andalusiens beisammen: traumhafte Strände wie bei Calahonda (ganz oben), wilde Wüsten-Einsamkeit bei Almería (oben) und immer wieder Manifestationen der Mauren wie in der Alcazaba von Almería (rechts).

Im weiß leuchtenden Salobreña, das sich als ein großes „pueblo blanco" an den Fels schmiegt, treffen sich am Wochenende gerne auch die Großstädter aus Granada.

Mini Hollywood

Kulissen für Wildwest

Special

Im Südosten Andalusiens, wo nicht mehr als 250 ml Regen pro Jahr fallen, ist Spanien ganz nah an Arizona. Das baumlose Land geizt mit jedem Grashalm, lässt hier und da mal eine Agave vor dem Blau des Himmels posieren und begnügt sich ansonsten mit Sand und Fels.

Anfang der 1960er-Jahre kam Sergio Leone in die Tabernas-Wüste bei Almería und sah, dass das trockene Land mehr ist als Staub und Hitze, dass es der ideale Spielplatz wäre für einsame Männer mit Cowboyhut und Revolver. Schurken und Sheriffs, Helden und Halsabschneider, sie waren alle da: Arnold Schwarzenegger kämpfte als Conan der Barbar, Harrison Ford ging als Indianer Jones auf den letzten Kreuzzug. Alain Delon und Anthony Quinn fürchteten weder Tod noch Teufel, selbst Lawrence von Arabien und der letzte Mohikaner wurden in der Tabernas-Wüste und den angrenzenden Gebieten wie

Filmreifer Sand: Wildwest in Andalusien

dem Cabo de Gata erst zu dem, was sie seitdem sind: Legenden der Leinwand. Gut 200 Filme wurden zumindest teilweise in der großartig öden Kulisse im Südosten Andalusiens gedreht, von „Spiel mir das Lied vom Tod" bis zum „Schuh des Manitu". Für Wildwestfilme eignet sich das Land eben besonders gut. In den einstigen Kulissendörfern ist die Zeit stehen geblieben. Überfälle und Schießereien gehören zum Showalltag.

durchs Bild ziehen. Auch Wanderer und Mountainbiker nutzen den Frühling wie den Herbst.

Geplatzte Träume

Als 2008 in Spanien die Immobilienblase platzte, lagen für die Provinz Granada und Almería Bauanträge für 600 000 Wohnungen und ein Dutzend Golfplätze vor. Viele dieser teils aberwitzigen Bauvorhaben wurden auf Eis gelegt. Die Krise hat der Küstenregion bei Almería Zeit geschenkt. Das ändert aber nichts an der heiklen Interessenslage zwischen Ökologen, Bauern, Bürgern, Hoteliers und Investoren. Natürlich findet man es als Tourist gut, wenn der Naturpark nicht flächendeckend mit Gewächshäusern überzogen wird, so wie rund um Almería. Andererseits ist es für die Bauern, die in der Kap-Region groß wurden, kaum verständlich, dass sie dank des Naturparkstatuts keine Plane mehr über ihr Gemüse spannen dürfen. Mit den Großbauern außerhalb des Parks lässt sich mit traditionellen Methoden nicht mehr konkurrieren. Immer wieder macht der Agrarsektor auch durch überhöhten Pestizideinsatz und miserable Arbeitsbedingungen der oftmals illegalen afrikanischen Gastarbeiter von sich reden. Glanz und Elend bleiben auch im Andalusien des 21. Jahrhunderts dicht beieinander.

DUMONT THEMA

SOLAR

Es werde Strom

Andalusien entdeckt seine Ressourcen. In solarthermischen Kraftwerken wird Sonne zu Strom. Das derzeit größte Solarkraftwerk der Welt steht bei La Calahorra, Aufsehen erregt aber auch der Solarturm bei Sevilla.

Andalusien ist ein sonnenverwöhntes Land. Kein Reiseveranstalter verzichtet auf den Hinweis, dass sich an der Costa del Sol an rund 300 Tagen im Jahr die Sonne zeigt. Im Durchschnitt hat ein Tag in Málaga 7,7 Sonnenstunden.

Die Kombination aus geringen Niederschlägen und blauem Himmel mag den Touristen ideal erscheinen, für die Wirtschaft ist sie es nicht. Weite Gebiete der vielfältigen Landschaft Südspaniens lassen sich kaum nutzen. In der Region östlich von Granada sind die Niederschlagsmengen besonders gering. Ökonomisch waren die wüstenhaften Landschaften dort bislang zu vernachlässigen. Doch das ist Vergangenheit. Unweit des einsamen Bahnhofs von La Calahorra, wo die berühmte Anfangsszene des Wildwest-Klassikers „Spiel mir das Lied vom Tod" gedreht wurde, steht das derzeit größte Solarkraftwerk der Welt.

Nachhaltigkeit in Abwägung

An der Entwicklung der klimafreundlichen Energie waren auch deutsche Ingenieure beteiligt. Das Deutsche Zentrum für Luft- und Raumfahrt (DLR) spürte mit Satellitendaten den geeigneten Standort auf und entwickelte Methoden für die präzise Konstruktion der Parabolrinnen-Kollektoren. Knapp 6 Meter breite und 150 Meter lange Parabolrinnen fokussieren das Sonnenlicht auf eine Röhre. Das darin befindliche Öl erhitzt sich auf 400 °C und bringt Wasser zum Verdampfen. Der Dampf treibt eine Kraftwerksturbine an, die wiederum über einen Generator Strom erzeugt.

Solarthermische Anlagen wie Andasol haben eine höhere Energieeffizienz als Fotovoltaikanlagen, brauchen allerdings eine hohe, direkte Sonneneinstrahlung. Durch einen thermischen Salzspeicher kann das Kraftwerk auch nachts Strom produzieren. Doch das Kraftwerk verbraucht große Flächen Land und viel Wasser. José Luis García, verantwortlich für den Themenbereich Klimawandel bei Greenpeace Spanien, sieht in Andasol eine „grundlegende Technologie für die nachhaltige Energiegewinnung". Den Wasserverbrauch sieht er im Rahmen herkömmlicher Technologien verortet: „Das heißt, wenn man traditionelle Kraftwerke durch solarthermische ersetzt, ergibt sich kein höherer Wasserverbrauch."

Die Andasol-Anlage in der 1100 Meter hohen Ebene bei Guadix ist nicht das einzige Sonnenkraftwerk Andalusiens. Seit den 1980er-Jahren experimentieren deutsche und spanische Forscher in der Wüste von Tabernas, 30 Kilometer nördlich von Almería, im Forschungszentrum Plataforma Solar de Almería (PSA) mit solarthermischen Verfahren.

Das karge, trockene Land der Tabernas-Wüste wird von dem mächtigen Parabolspiegel reflektiert.

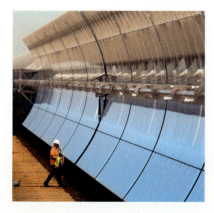

Die Anlage des Parabolrinnen-Kraftwerks wurde klimatechnisch genau für den Standort Andalusien berechnet.

Fakten

Die Fläche der Parabolrinnen von Andasol 1, 2 und 3 sind so groß wie 800 Fußballplätze. Sie liefern Strom für rund eine halbe Million Menschen. Ein weiteres Parabolrinnenkraftwerk mit einer Leistung von 50 Megawatt ging bei Morón de la Frontera ans Netz. Man schätzt, dass Spanien bis 2030 gut ein Viertel seines Stromes mit Solarenergie erzeugen kann. Dazu trägt auch der Solarturm PS 20 nahe Sevilla bei (Abbildung linke Seite).

Maurische Schätze und weite Wüste

Die Alhambra, dieser Stein gewordene Traum des Morgenlandes, enge Gassen und eine mächtige Kathedrale – Granada ist die Kulturstadt Andalusiens. Südlich von ihr erstreckt sich die Sierra Nevada, das höchste Gebirge des spanischen Festlands, bis weit in den Osten.

❶ Granada

Die engen Gassen des Albaicín, Kathedrale und Alhambra prägen das Gesamtbild.

ALHAMBRA

Der größte Schatz Granadas ist die **Alhambra TOPZIEL**. Die **Alcazaba**, die Festungsanlage mit den mächtigen Türmen an der Westseite, wurde im 13. Jh. erbaut. Über den **Palacio de Comares** (Comares-Palast, ab 1354) und den **Patio de los Arrayanes** (Myrtenhof) betritt man das Kernstück der Alhambra, den **Palast der Nasriden**. Aus der zweiten Hälfte des 14. Jh.s stammen kunstvollste Gestaltungen, wie der **Palacio de Leones** mit dem Brunnen im **Patio de Leones** (Löwenhof). Es schließen sich die Säle **Sala de las Dos Hermanas, Sala de los Reyes** und **Sala de los Abencerrajes** an, Letzterer mit aufwendigem Muqarnas-Deckenschmuck. In ihrer Schönheit werden die **Jardines del Partal** (20. Jh.) nur von jenen des **Generalife** (14. Jh.) übertroffen. Der Palast wurde als Sommersitz der maurischen Könige erbaut. Noch heute überrascht der **Palast Karls V.** Die strenge Regelmäßigkeit des Bauwerks bleibt im Umfeld der Alhambra ein Fremdkörper. Bis ins frühe 20. Jh. standen wegen Geldmangels nur die Wände.

WEITERES SEHENSWERTES

Dicht umbaut findet sich in der Unterstadt die **Catedral de la Encarnación,** die ab 1523 von Enrique Egas und Diego de Siloé erbaut wurde. Bemerkenswert ist hier die **Capilla Real** mit Elementen der Spätgotik und Renaissance. Die aus Carrara-Marmor gearbeiteten Königsgrabmale stehen über der Krypta, in der seit 1526 das Königspaar Isabella und Ferdinand beigesetzt ist. Die Privatsammlung der Königin im Museo (Sakristei) mit niederländischen Meistern wie Rogier van der Weyden ist herausragend. Im **Palacio La Madraza** gegenüber der Capilla befand sich im 14. Jh. eine islamische Universität. Durch den zum Souvenirmarkt degenerierten **Bazar Alcaicería** gelangt man zum **Corral del Carbón** (1330), einer ehemaligen Karawanserei. Gegenüber der Alhambra, getrennt vom Flüsschen Darro und dem malerischen Paseo de los Tristes, kommt man in die Gassen des **Albaicín,** an dessen Fuß die arabische Badeanlage **El Bañuelo** (11. Jh.) überdauert hat. Vom **Mirador de San Nicolás** begeistert der Blick hinüber zur Alhambra. Jenseits der alten Stadtmauern, nordöstlich, erstreckt sich das einstige **Gitano-Viertel Sacromonte** mit seinen typischen Wohnhöhlen. Hier wohnten einst die „gitanos", die „Zigeuner". Am nordwestlichen Rand des Zentrums liegt das **Monasterio de la Cartuja.** Das Innere des Kartäuserklosters (1794) ist im Barockstil des Churriguerismus gehalten (tgl.).

MUSEEN

Das **Museo de Bellas Artes** im Palast Karls V. zeigt Wechselausstellungen internationaler Kunst. Schwerpunkte der eigenen Sammlung sind sakrale Kunst sowie Werke von Alonso Cano (Di.–Sa. 9.00–19.30 im Sommer, 18.00 im Winter, So. bis 15.30 Uhr). Das ehemalige Sommerhaus Huerta de San Vicente beherbergt das **Museo Federico García Lorca** mit persönlichen Gegenständen des Schriftstellers und Wechselausstellungen (Parque Federico García Lorca, südwestl. Rand der Innenstadt; Di.–So.). In der Nähe befindet sich der **Parque de las Ciencias,** ein Wissenschaftsmuseum (Avda. del Mediterráneo, Di.–So. ab 10.00 Uhr). Geschichte und Identität Andalusiens ist Thema des neuen, interaktiven **Museo CajaGranada Memoria de Andalucía** (Av. de la Ciencia 2, Di.–So. ab 9.30 Uhr).

VERANSTALTUNGEN

Höhepunkt der **Semana Santa** ist der Gründonnerstag mit der Prozession des Cristo de los Gitanos zum Sacromonte. Stierkämpfe und Flamencoaufführungen werden an Fronleichnam, **Feria de Corpus Cristi,** begangen. Im Juni und Juli treffen sich u. a. die besten Flamencokünstler zum **Festival Internacional de Música y Danza** (www.granadafestival.org). Der Herbst wird vom **Festival de Jazz de Granada** geprägt (www.jazzgranada.es).

Spar-Karte

Mit der **Granada Card Bono Turistico** fährt man neunmal umsonst Bus, erhält Ermäßigungen in Hotels, Restaurants und Museen und kommt sicher und ohne Warteschlange in die Alhambra (Foto).

Erhältlich u. a. bei der CajaGranada (Plaza Isabel la Católica, 6), im Museum Parque de las Ciencias oder über www.granadatur.com/granada-card

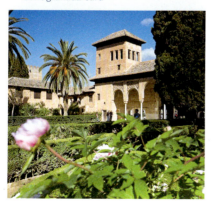

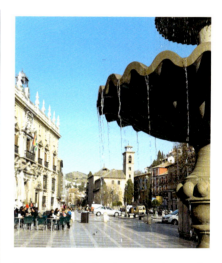

Brunnenpracht an der Plaza Nueva in Granada

INFOS & EMPFEHLUNGEN

HOTELS
Einzigartig ist die Lage des € € € € **Parador-Hotels** innerhalb der Alhambra (Real de la Alhambra, www.parador.es). € €/ € € € **El Ladrón de Agua** ist ein Stadtpalast aus dem 16. Jh. in günstiger Lage und doch ruhig (del Darro 13, Tel. 95 8 21 50 40, www.ladrondeagua.com). Frisches Design zum günstigen Preis spricht für das neue € € **Hotel Room Mate Leo** im Altstadtviertel (Mesones 15, Tel. 95 8 53 55 79, www.room-matehotels.com).

RESTAURANTS
Ein Restaurantklassiker in der Innenstadt ist das € € € **El Chikito** (Plaza del Campillo 9, Tel. 95 8 22 33 64). Fürs romantische Dinner eignet sich das € € € **Restaurant Mirador de Morayma** mit Blick auf die Alhambra (Pianista García Carrillo 2, Tel. 95 8 22 82 90). Die größte Auswahl an Tapas-Lokalen findet sich in der **Calle Navas**, um die **Plaza Bib-Rambla** sowie im Umkreis des **Campo Principe** im Stadtteil Realejo.

UMGEBUNG
Auf der **Ruta Federico García Lorca** folgt man den Spuren des Dichters: Neben dem Haus Huerta de San Vicente in Granada lässt sich sein Geburtshaus in **Fuente Vaqueros** (17 km westl.) besuchen, das einstige Wohnhaus in **Valderrubio** (30 km westl.) ist ein Museum; siehe auch www.turgranada.es.

INFORMATION
Oficina Municipal de Información Turística, Plaza del Carmen, 18009 Granada, Tel. 90 2 40 50 45, www.granadatur.com (Stadt), www.turgranada.es (Provinz). Weitere Informationen an den Plätzen Plaza Mariana Pineda und Plaza de Santa Ana.

> **Tipp**
>
> ### Themenrouten
>
> Derzeit neun Routen hat die Stiftung **El Legado Andalusí** ausgearbeitet. Sie folgen dem Reiseweg Washington Irvings von Sevilla nach Granada, dem Nasriden-Sultanat von Jaén nach Granada oder der Route des Kalifats von Córdoba nach Granada. Zu den Routen sind lesenswerte Reisebücher teilweise auch auf Deutsch erhältlich.
>
> **INFORMATION**
> www.legadoandalusi.es

Alhambra: Am besten Tickets online vorab bestellen: www.ticketmaster.com; Mitte März–Mitte Okt. 8.30–20.00, Mitte Okt.–Mitte März 8.30–18.00 Nachtbesuch: Mitte März–Mitte Okt. Di.–Sa. 22.00–23.30, Mitte Okt. bis Mitte März Fr./Sa. 20.00–21.30 Uhr, www.alhambra-patronato.es

Rundum kunstvoll: Anlage und Myrtenhof der Alhambra. Wer mehr Natur braucht, wandert in der Nähe von Granada.

❷ Guadix

Das Provinzzentrum kann auf eine annähernd 3000-jährige Geschichte zurückblicken.

SEHENSWERT
Im 9. Jh. begannen die Mauren mit dem Bau der **Alcazaba**, der Festungsanlage (15. Jh. erweitert). Mehr als 200 Jahre wurde an der **Catedral Santa María de la Encarnación** (1796) gebaut, der Altaraufsatz (Retabel) weist den barocken Churriguerismus-Stil auf. Die **Höhlenwohnungen** liegen im ehemals vor allem als Zigeunerviertel bekannten Ortsteil Santiago und im Barrio de las Cuevas.

MUSEEN
An der Plaza Ermita Nueva im Barrio de las Cuevas wurde eine **Höhlenwohnung** als Museum eingerichtet (tgl. ab 10 Uhr). Das **Museo de Alfarería**, ebenfalls in einer Höhle, zeigt kunsthandwerkliche Keramiken (C/ San Miguel, tgl. 10.30–14.00, 16.30–20.00 Uhr).

UMGEBUNG
In herrlicher Lage thront **La Calahorra** (1512; 17 km südl. von Guadix) mit Galerie im Innenhof (Mi.). Die Burg gilt als frühester Renaissancebau Spaniens. In der Trockenlandschaft bei **Gorafe** (ca. 28 km nördl.) sind Dolmengräber (Megalithzeit) erhalten (Parque Megalítico).

INFORMATION
Oficina de Turismo, Plaza de la Constitución, 18500 Guadix, Tel. 95 8 66 28 04, www.guadix.es

❸ Sierra Nevada/ Los Alpujarras

Die Gipfelregion des „verschneiten Gebirges" mit dem Mulhacén (3478 m) ist ein ca. 860 km² großer Nationalpark. An der Südflanke liegen die Alpujarras. In die Dörfer zogen sich die Mauren nach der Eroberung Granadas zurück.

SEHENSWERT
Eindrucksvolle **Aussichten** hat man von der Bergstrecke zum Skiort **Pradollano** und der Zufahrt zur **Pico de Veleta**. Die Schätze der **Sierra Nevada** TOPZIEL sind neben den eindrucksvollen Landschaften des Hochgebirges rund 2000 **Pflanzenarten**. Die **Bergdörfer der Alpujarras** werden von weiß getünchten Steinhäusern geprägt. Sehenswert ist das **Poqueira-Tal** mit den Ortschaften **Pampaneira**, **Bubión** und **Capileira**. 25 km weiter östlich erreicht man mit **Trevélez** (1480 m) eines der höchstgelegenen Dörfer Spaniens.

AKTIVITÄTEN
Zentrum des **Skigebiets** ist der Skiort Pradollano. Außerhalb der Wintersaison finden Mountainbiker hier interessante Trails. Als Ausgangspunkt für **Wanderungen** eignet sich die Südflanke mit den Alpujarras-Dörfern. **Reit-** und **Offroad-Ausflüge** werden angeboten.

INFORMATION
Centro de Visitantes El Dornajo, A 395 nach Pradollano, km 23, Tel. 95 8 34 06 25; Nevadensis, Plaza de la Libertad, Tel. 95 8 76 31 27, Pampaneira, www.nevadensis.com

❹ Almuñécar

Hotels und Apartmentsiedlungen stehen im Ferienzentrum an der Costa Tropical dicht gedrängt um Berg und Bucht. Schon die Phönizier siedelten am Peñón del Santo, dem mächtigen Felsblock, der sich hier ins Meer schiebt.

SEHENSWERT
Strategisch günstig liegt das **Castillo de San Miguel**, das nach der Reconquista von Karl V. ausgebaut wurde. Weiter zurück in der Geschichte geht es in den nahen **Cuevas de los Siete Palacios** (Höhlen der Sieben Paläste, mit Museum, Di.–So.). Der **Parque Ornitológico Loro Sexi** (unterhalb des Castillo) fasziniert mit rd. 200 Vogelarten und Kakteengarten (tgl. ab 10.30 Uhr).

GRANADA UND DER OSTEN

AKTIVITÄTEN
26 **Badestrände** gibt es im Bezirk Almuñécar. Der **Flypark** (18 km östl.) ist eine der ersten Adressen in Europa für Paraglider, das **Spaßbad Aquatropic** vor allem für Kinder (an der Playa de Velilla, Juni–Sept. ab 11.00 Uhr).

UMGEBUNG
In **Salobreña** (15 km östl.) ziehen sich verwinkelte Gassen bis zum Castillo (13. Jh.).

INFORMATION
Oficina de Turismo, Avda. Europa (Palacete La Najarra), 18690 Almuñécar, Tel. 95 8 63 11 25, www.almunecar.info

Almería

Die lebendige Provinzhauptstadt ist das wirtschaftliche Zentrum des Südostens. Im Osten lockt der Naturpark Cabo de Gata-Níjar.

SEHENSWERT
Die **Alcazaba** ist die größte Festungsanlage Andalusiens und bietet einen guten Blick über Stadt und Bucht. Abd ar-Rahman III. hat ihren Bau 955 in Auftrag gegeben (Di.–So.). In der Altstadt steht die trutzige **Kathedrale** (16. Jh.).

MUSEEN
Frühgeschichtliche Funde der Region sind im neuen **Museo Arqueológico** (Ctra. de Ronda 91, Di. 14.30–20.30, Mi.–So. ab 9.00 Uhr).

ERLEBEN
Landschaftlich beeindruckt die an die Sierra Alamhilla angrenzende Halbwüste **Desierto de Tabernas** (nördl.) mit den Westernshows: Oasys (früher Mini Hollywood) N 340a, km 464, Tel. 95 0 36 52 36; Fort Bravo, N 340a, km 468; Western Leone, 92, C-3326, km 378, beide Tel. 95 0 06 60 13 (alle tgl.).

UMGEBUNG
Am Rand der Tabernas-Halbwüste liegt die **Ausgrabungsstätte Los Millares** (20 km nordwestl.). Sie besteht aus einer ehemaligen Siedlung und einer Nekropole aus dem 3. Jtd. v. Chr. (Mi.–So.). Weite, unbebaute Natur und herrliche Vulkanlandschaften gibt es rund 20 km östlich im **Parque Natural Cabo de Gata-Níjar**. Der Schutzraum umfasst auch die Meereszone. Die fast baumlose Vulkanlandschaft begeistert mit Felsformationen, Sand- und Fossiliendünen und Stränden wie der **Playa de Mónsul** und **Playa de los Geneveses**. Touristisches Zentrum ist **San José**. Südlich davon befindet sich das Kap **Cabo de Gata**. Die Region ist die regenärmste in Spanien (www.cabodegata.net und www.degata.com). Westlich von Almería schließen sich die Urlaubszentren **Aquadulce, Roquetas de Mar** und **Almerimar** an.

INFORMATION
Oficina de Turismo, Plaza de la Constitución, Parque Nicolás Salmerón, 04002 Almería, Tel. 95 02 10 53 8, www.turismodealmeria.org

---

Genießen   Erleben   Erfahren

Pass für Aktive

DuMont Aktiv

Wer nicht auf Ski alpin besteht
und Natur gerne etwas wilder und einsamer mag, könnte an der Passhöhe des Puerto de la Ragua besser aufgehoben sein als in Pradollano. Sicher, der Skiort hat eine gute Infrastruktur und lockt auch in der schneefreien Saison Bergsportler und Panoramatouristen. Doch das Freizeitgebiet im eher unbekannten Teil der Sierra Nevada hat seine Vorzüge.

Eine Bergstraße verbindet
die östlichen Alpujarras mit den ewigen Weiten der kastilischen Hochebene Marquesado del Zenete. Puerto de la Ragua liegt in 2000 bis 2200 m Höhe. Im Winter werden 17 km Loipe gespurt. Wenn es die Schneeverhältnisse zulassen, kann man auf ein ungespurtes Wegenetz von rund 100 km ausweichen. Ein garantiert klischeefreies Vergnügen ist die Fahrt mit einem rasenden Hundegespann durch die Schneelandschaft.

Weil das Gebiet
von Hotels, Skiliften und anderen Baumaßnahmen verschont geblieben ist, mag man auch gerne kommen, wenn gerade kein Schnee liegt. Zum Beispiel, um auf der Fernroute GR 7 zu wandern oder einen Spaziergang zum Aussichtspunkt Mirador de la Alpujarra zu machen. Auch Mountainbiker kommen in dieser Region auf ihre Kosten.

Weitere Informationen

Am Puerto de la Ragua in der östlichen Sierra Nevada sind viele Aktivsportarten möglich. Im Winter bekommt man vor Ort Langlaufmaterial, und wer im Sommer nicht mit dem eigenen Mountainbike anreist, kann sich auch ein passendes Gerät an der Basisstation (mit Cafeteria) zu einem fairen Tagespreis ausleihen.

Adresse
Estación Recreativo Puerto de la Ragua, Tel. 95 8 76 02 23, www.puertodelaragua.com

JAÉN UND NORDOSTEN
36 – 37

In schönster Renaissance

Kunst oder Natur oder am besten beides – der Norden ist groß im Kommen. Nirgendwo sonst findet man in Andalusien mehr Renaissancebauten als in Úbeda und Baeza. Und nirgendwo auf der Welt wachsen mehr Olivenbäume. Die Gebirge im Nordosten sind Wunderkammern der Natur. Wichtiger Termin im Kalender: die Semana Santa, die Karwoche, mit ihren Prozessionen.

Ein poetischer Zauber liegt über der gut erhaltenen Altstadt von Baeza mit ihren alten Palästen, Plätzen und Kirchen.

Es ist wohl magisches Land, auf dem sich in Bedmar weißes Haus an weißes Häuschen reiht. Dörfer wie dieses setzen auffallende Zäsuren in der gebirgigen Landschaft der Sierra Mágina.

Endlose Reihen von Olivenbäumen führen unverkennbar vor Augen, dass Andalusien das größte Anbaugebiet für Oliven auf spanischem Grund ist.

Kunstvoll verziertes Kirchenportal in Orcera in der Sierra de Segura

Auswanderung

Brave Schwaben gegen wilde Banditen

Special

Im Jahr 1767 machten sich 6200 Schwaben, Pfälzer, Flamen und Schweizer auf in ein fernes Land. Sie sollten ein gefährliches Gebiet im Norden Andalusiens besiedeln. Ihr Erbe: das Städtchen La Carolina.

Johann Kaspar Thürriegel, Abenteurer und Spion aus dem Bayerischen Wald, hatte ein einträgliches Geschäft aufgebaut. Unter den ärmsten Bevölkerungsschichten rekrutierte er Familien, die bereit waren, ihr Glück in einer fremden Welt zu versuchen. Dass es in das unsichere Grenzgebiet zwischen Kastilien und Andalusien ging, erfuhren die „katholischen Arbeiter" erst unterwegs. Tüchtige Familien wünschte sich der Superintendent von Sevilla, Pablo de Olavide, Leute, die Land bebauten und im Bergwerk arbeiteten, die Banditen vertrieben. Pablo de Olavide war ein aufgeklärter,

Verlassene Schlote zeugen vom Bergbau

gelehrter Mensch, der von einer idealen Gesellschaft träumte. Tatsächlich wurde den Familien einiges geboten: ein Haus mit eigenem Grundstück, gutes Land mit sauberem Wasser, eine Kuh, zehn Jahre Steuerfreiheit, Schulen und einiges mehr. Der Plan scheiterte an Krankheiten, der Rückständigkeit der Kirche und am politischen Ränkespiel.

Zwischen Andalusien und der kastilischen Meseta baut sich die Sierra de Despeñaperros auf. Während bis vor wenigen Jahren eine gefürchtete Bergstraße den Zugang zu Andalusien erschwerte – und in früheren Zeiten Wegelagerer –, ist die Anfahrt auf der A 4 heute ein Kinderspiel. Höchstens beim Druck aufs Gaspedal sollte man vorsichtig sein. An der Autobahn des Südens befindet sich beim Pass der „herabstürzenden Hunde" (das bedeutet „Despeñaperros"), die „ertragreichste" Radarfalle ganz Spaniens. Ist der Pass überwunden, fliegt der Blick über ein hügeliges grünes Land – endlich in Andalusien.

Meditative Landschaft

Das Erste, was ein Reisender in der Provinz Jaén wahrnimmt, ist diese Monokultur der Olivenbäume. Der Schriftsteller und Spanienkenner Cees Nooteboom meinte gar, „wer hier lebt, muss dieser Landschaft verfallen sein wie ein Seemann dem Meer". Wie Jaén, so besitzt auch die Provinz einen Charakter, den man mögen muss. Ihre Schönheit bezwingt nicht auf den ersten Blick. Die Stille und der oft klare Himmel erzeugen eine machtvolle Monotonie. Dem Dichter Antonio Machado kam das Land so traurig vor, „dass es eine Seele haben" müsse – der Vers ist nicht übertrieben.

Eine Hauptattraktion in Jaén ist die großartige Kathedrale (oben), im Stil der Renaissance von Andrés de Vandelvira entworfen. Dessen Handschrift findet sich auch an einigen weiteren Bauten im Umland. Untrennbar mit andalusischer Architektur verbunden sind Patios wie hier rechts im Bild, ebenfalls in Jaén.

In diesem Becken ließen sich vor gut 900 Jahren maurische Bewohner vom Wasser umspielen. Die Relikte aus längst vergangener Zeit sind Teil der Maurischen Bäder in Jaén, der größten erhaltenen Anlage ihrer Art in Spanien.

Turismo rural

Östlich, im Naturpark Sierras de Cazorla, Segura y Las Villas, dem größten seiner Art in Spanien, ist der Naturtourismus eine feste Größe. Vom hübschen Bergdorf Cazorla aus hat man die beste Infrastruktur, um Touren ins 214 000 Hektar große Biosphärenreservat zu planen. Auf den noch wilden Wassern des Guadalquivirs, der hier entspringt, sind sogar Raftingtouren möglich.

Eine Frage der Mentalität

Die nördlichste Provinz Andalusiens will noch entdeckt werden. Sie taugt nicht zum Klischee, das vielleicht von Spanien und Andalusien existiert. Mit Sicherheit wird man in Jaén nicht auf Touristengruppen stoßen, die, wie in Ronda, im Gänsemarsch durch die Stadt laufen. Es gibt auch keine Souvenirmeilen wie in Córdoba oder Sevilla. Stattdessen lässt sich eine Stadt kennenlernen, die man authentisch nennen kann.

Die „Hauptstadt des Olivenöls", wie sich Jaén stolz nennt, ist weder aufpoliert noch überrenoviert. Sie hat einen rauen Charme, der dem strengen Kastilien näher ist als dem feierfreudigen Süden des Landes. Am besten macht man sich selbst ein Bild von der Stadt: Im Villadompardo-Palast überrascht ein kurioses Museum für naive Malerei. In seinen Kellern hat sich eine der größten Badeanlagen Spaniens aus arabischer Zeit erhalten. Nicht zu vergessen die weithin sichtbare Kathedrale, deren kühle und klare Eleganz in Andalusien einzigartig ist und wo eine kostbare Reliquie, eine Version des Schweißtuchs der Veronika, aufbewahrt wird. Aus der Ferne bereits ist auch das Kastell Santa Catalina auszumachen.

Renaissance pur

Knapp 50 km nordöstlich von Jaén kommt zur Kultur auch das Malerische. Baeza ist ein wahres Schatzkästchen mit seiner Altstadt. Hier finden sich Prunkstücke wie der spätgotische Palacio del Jabalquinto. Bereits ab dem 5. Jahrhundert, in der Herrschaftszeit der Westgoten, ist die Stadt Bischofssitz. Auch nach der Rückeroberung durch Ferdinand III. im Jahr 1227 wird Baeza zum religiösen Zentrum, ehe diese Rolle Jaén zufällt.

Mit dem Fall des Nasriden-Sultanats von Granada geht es auch wirtschaftlich aufwärts. Etliche Familien haben sich während der Rückeroberung Spaniens verdient gemacht. Doch der Reichtum der Neuen Welt währt nicht allzu lange. Allein mit Kirchen und seinem Personal und den stolzen Familien altgedienter Krieger lässt sich kein florierendes Wirtschaftsklima aufbauen. Nach dem Goldenen Zeitalter geht es mit Baeza wie mit den meisten spanischen Städten bergab, während sie stolz und vernarrt wie Don Quijote an den überkommenen Vorstellungen eines spätmittelalterlichen Wertesystems festhalten.

Für den Besucher von heute ist das ein Glück. Die Erkundung Baezas ist wie ein Spaziergang durchs 16. Jahrhundert. Gemeinsam mit der Nachbarstadt Úbeda wurde sie zum Welterbe der Unesco erklärt.

Italienische Elemente

Die Städte, die jeweils auf einem Hügel über den Olivenhainen liegen, sind Spaniens „Perlen der Renaissance". Die Schönheit der Architektur verdankt sich vor allem der Kunst der Architekten

> Nordöstlich von Jaén kommt zur Kultur das Malerische.

Wichtigstes Ereignis im kirchlichen Jahreslauf ist die Semana Santa, die Karwoche. Sie wird vielerorts mit großen Prozessionen – wie hier in Úbeda – begangen.

Schönste Stuckverzierungen schmücken den Palacio del Jabalquinto in Baeza.

Eine Fiesta zieht Bewohner wie Touristen auf Straßen und Plätze, so auch auf die stimmungsvolle Plaza del Populo in Baeza.

Die Apsis der Capilla del Salvador in Úbeda ist prächtig ausgestaltet.

Olivenanbau

Alles Olive

Special

Spanien ist der größte Olivenölproduzent der Welt. Im Jahr werden derzeit zwischen 8 und 11 Mio. Tonnen der ovalen Früchte geerntet, die man zu ca. 1,8 Mio. Tonnen Olivenöl presst. 80 % der Olivenbäume des Landes stehen in Andalusien.

Auch beim spanischen Olivenöl gibt es geschützte Anbauregionen. Die derzeit 32 D.O.s (Denominación de Orígen) wachen über die Qualitätsstandards der nativen Öle. So darf zum Beispiel das Öl der besten Qualität, das „Aceite de virgen extra", nur durch mechanische Methoden wie Pressen oder Zentrifugieren gewonnen werden. Die Verarbeitungstemperatur muss dabei unter 30 °C bleiben und der Säuregehalt des gewonnenen Öls darf 0,8° nicht übersteigen.

In der Kategorie Aceite de oliva virgen, ohne den Zusatz „extra", darf der Säuregehalt bis zu 2° steigen. Einfache Olivenöle, die „aceite oliva",

Dicht an dicht: Olivenbäume bei Jaén

sind Mischungen raffinierter und nativer Öle. Entscheidend für den Geschmack sind vor allem auch die verarbeiteten Sorten. Davon gibt es rund 260. Typisch für die andalusischen Anbaugebiete sind Cornicabra, Picudo, Hojiblanca und Picual. Die Öle aus der D. O. Priego de Córdoba zeichnen sich durch einen reiferen, milderen Geschmack aus, die Öle der D. O. Sierra Mágina sind kräftig.

Diego de Siloé, Francisco del Castillo („El Mozo") und Andrés de Vandelvira. Letzterer entwickelte den Platereskenstil von Diego de Siloé weiter. Seine Renaissancebauten prägen das Gesicht der ganzen Region. Den Schlusspunkt seines Schaffens setzte er mit der Kathedrale von Jaén, deren Fertigstellung er jedoch nicht mehr erlebte.

Magische Bergwelt

Südlich der Renaissancestädte erhebt sich ein Gebirge, dessen Name das Große mit dem Magischen verbindet, die Sierra Mágina. Die kahlen und markanten Gipfel des bis zu 2167 m hohen Gebirges sind ein wenig bekanntes Naturparadies, dessen Schönheit man in weißen Dörfern wie Albánchez de Úbeda oder Torres erfährt. Am Südrand des Naturparks, im Dorf Bélmez de la Moraleda, hat sich tatsächlich etwas Magisch-Mysteriöses abgespielt. Am 23. August 1971 erschien auf dem Fußboden eines Hauses in der Calle Rodríguez Acosta ein Porträt, das dem auf dem „Santo Rostro", dem Schweißtuch der heiligen Veronika, von Jaén erstaunlich ähnlich sah. Das Bodenstück wurde analysiert, ohne dass das Rätsel gelöst werden konnte. Auch in den Folgejahren erschienen im neuen Fußboden weitere Figuren – rätselhafte Sierra Mágina!

UNSERE FAVORITEN

Versteckte Highlights

Schönheit im Stillen

Alle wollen sie sehen, Top-Highlights wie Alhambra oder die Mezquita. Wenn es auch eine Nummer kleiner sein darf, dafür aber mit mehr Raum für eigene Gedanken und ohne großes Gedränge, dann sind diese Tipps genau richtig. Erleben Sie die Schönheiten Andalusiens von ihrer stilleren Seite.

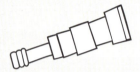

1 Capilla Real in Granada

Die Kathedrale von Granada ist ein historisches wie architektonisches Highlight. Noch spannender ist allerdings die Capilla Real, die Königskapelle, die von Isabella der Katholischen noch kurz vor ihrem Tod in Auftrag gegeben und 1521 fertiggestellt wurde. Sie liegt direkt neben der Kathedrale. Hier befinden sich die Renaissance-Grabmäler des Königspaares. Ihre sterblichen Überreste hingegen ruhen in einfachen Bleisärgen in der Krypta. Das Besondere der Grabkapelle liegt darin, dass sich hier die persönliche Gemäldesammlung Isabellas befindet, die Meisterwerke des 15. Jh.s, u. a. von Hans Memling und Rogier van der Weyden, umfasst.

www.catedraldegranada.com

2 Úbeda und Baeza

Zwei Städte mit schönem Stadtbild, kaum zehn Kilometer voneinander entfernt – das muss wohl zu Streitigkeiten führen. Seit Jahrhunderten stehen Úbeda und Baeza in Konkurrenz. Und bis heute lässt sich nicht sagen, welche der beiden Renaissancestädte die schönere ist. Auf jeden Fall lohnt es sich, die eine oder andere oder alle beide ausgiebig zu erkunden. Ihre großartige Architektur, ihre Lage inmitten endloser Olivenbaumreihen und ihre entspannte Ruhe sind ein Erlebnis.

www.jaenparaisointerior.es

3 Comares

Das Hinterland der Costa del Sol mit wildromantischen Bergen und weißen Bilderbuchdörfern ist immer dann richtig, wenn man eine Auszeit vom Massentourismus braucht. Manche lassen die Küste auch ganz aus und erwandern diese grandiosen Bergwelten, mieten ein Zimmer in einer Casa Rural und lassen sich von stillen „pueblos" im Hinterland überraschen. Es gibt viele schöne weiße Dörfer in Andalusien. Leider ist die Wahrscheinlichkeit aber auch groß, dass ein „pueblo blanco" von ausufernden Wohnsiedlungen bedrängt und von Besuchermassen heimgesucht wird, je schöner es ist. Comares ist anders. Das Städtchen liegt auf einem hohen Berg, an dem die Träume der Bauunternehmer scheitern müssen. In den engen malerischen Gassen trifft man heute noch mehr Einheimische als Besucher.

www.turismocomares.es

4 Castillo de la Estrella bei Teba

Eigentlich geht es bei diesem Tipp gar nicht so sehr um die Reste der Sternenburg. Grandios sind hier vor allem der 360°-Blick über die Landschaft und das phänomenale Gefühl von Weite, das man vom Burgberg aus 600 Meter Höhe erlebt. Am Fuß des Castillo, von den Römern errichtet und den Arabern ausgebaut, tobte im Jahr 1330 eine grausame Schlacht. Damals gelang es dem Heer der Kastilier, die muslimischen Nasriden zu schlagen.

rund 70 km nordöstl. von Málaga, www.fundacioncastillodelaestrella.org

UNSERE FAVORITEN
44 – 45

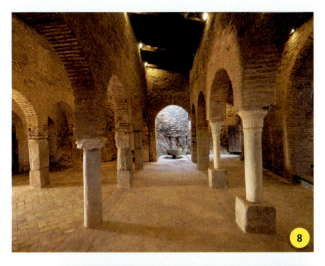

5 Capilla de San Bartolomé in Córdoba

Selbstverständlich muss man in Córdoba die großartige Mezquita besuchen, egal wie groß der Andrang ist. Dass die muslimische Baukunst des Mittelalters auch unter den Christen geschätzt wurde, beweist die kleine Mudejar-Kapelle San Bartolomé aus dem späten 14. Jahrhundert, die heute zur Philosophischen Fakultät von Córdoba gehört. In der Schönheit des Bauwerks meint man ein wenig auch den toleranten Geist zu spüren, der für eine kurze Phase Christen, Muslime und Juden in der Stadt einte.

Zugang von Calle Romero, www.capillamudejar.es

6 Priego de Córdoba

Die Sierra Subbética gehört zu den Landschaften, die, obwohl wenig bekannt, unbedingt einen Besuch wert sind. Vielleicht der schönste Ort der olivenbaumreichen Berglandschaft ist Priego de Córdoba. Auf einer Anhöhe mit Blick über das Land liegt die Altstadt mit ihren weißen Häusern, engen Gassen und einem Alcázar aus muslimischer Zeit. Der Stolz der Stadt ist die Fuente del Rey, eine mächtige Marmor-Brunnenanlage mit 100 Wasserspeiern aus dem Jahr 1803.

www.turismodepriego.com

7 Museo de Cádiz

Zugegeben, dieser Tipp ist speziell. Aber wer sich für Archäologie sowie für Malerei, besonders die spanische Malerei des Barock, interessiert, wird begeistert sein. Denn das Museo de Cádiz an der karibisch anmutenden Plaza de Mina widmet sich sowohl der Archäologie – dabei vor allem auch der Vorgeschichte der Region um Cádiz – als auch den „bellas artes". Herausragende Ausstellungsobjekte sind zwei phönizische Steinsärge aus dem 5. vorchristlichen Jahrhundert, deren plastische Ausarbeitung eindrucksvoll ist. In der Abteilung für Malerei sind u. a. Werke von Bartolomé Esteban Murillo (1617–1682) und Jusepe de Ribera (1591–1652) zu sehen. Das Museum birgt auch einen Heiligenzyklus von Francisco de Zurbarán (1598–1664). 18 Gemälde des spanischen Meisters sind hier an einem Ort vereint. Beeindruckend an den Werken Zubaráns ist die Helldunkelmalerei; über seinen Bildern liegt meist eine äußerst meditative Stimmung.

www.cadizturismo.com

8 Almonaster la Real

Die Sierra de Aracena wirkt mit ihren dichten Wäldern so gar nicht andalusisch. Gerade das und die vielen ursprünglichen Dörfer machen den Reiz der Bergregion aus – die aus diesem Grund gerne auch von Wanderfreunden aufgesucht wird. Almonaster la Real wird von einem einzigartigen Ensemble bekrönt: einer Mischung aus Kirche, Stierkampfarena und einer ehemaligen Moschee aus dem 10. Jahrhundert. Die wiederum steht auf den Resten einer westgotischen Kirche des 5. Jahrhunderts.

www.almonasterlareal.es

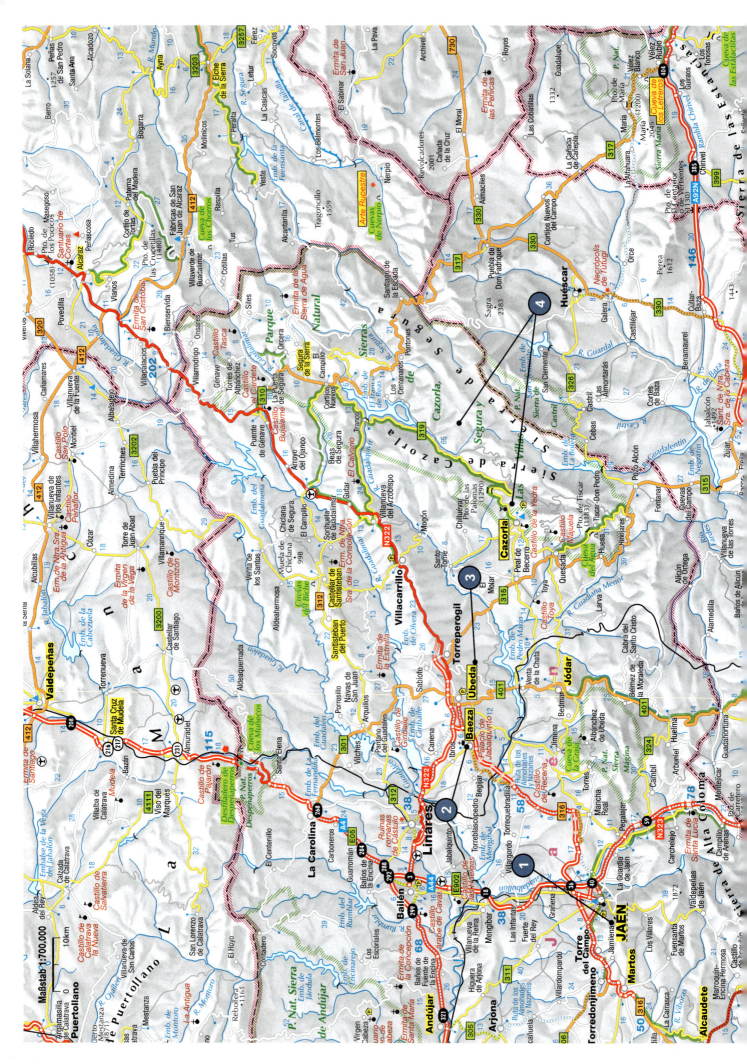

Unterwegs in einer gekämmten Landschaft

Als wäre ein riesiger Kamm hindurchgegangen, so wirken die Reihen von Olivenbäumen in der Provinz Jaén. Von den Städten Baeza und Úbeda reist man in die Einsamkeit der Sierra. Dort locken die Naturparks Sierra Mágina und Sierras de Cazorla, Segura y Las Villas mit reicher Ursprünglichkeit.

❶ Jaén

Aus dem römischen Auringis wurde im 9. Jh. das befestigte Yayyan, ein Handelszentrum am oberen Guadalquivir. Der Nasride al-Ahmar räumte 1246 die Stadt für den kastilischen König Ferdinand III. und zog sich nach Granada zurück. Trotz wiederholter Angriffe blieb die Grenzsituation über 250 Jahre bestehen.

SEHENSWERT

In der von Touristen wenig besuchten Altstadt markiert die **Iglesia de Magdalena**, eine auf den Fundamenten einer Moschee erbaute Kirche mit gotischem Portal, den ältesten Siedlungskern. In den Kellern des **Villadompardo-Palasts** in der Nähe befinden sich die Baños Árabes, die Arabischen Bäder, auf 470 m² Fläche (11. Jh.). Nachdem man im Vorraum („al-bayt al-maslaj") die Kleider abgelegt hatte, wusch man sich im Kaltbaderaum („al-bayt al-barid"), reinigte sich und regenerierte im Dampf- oder Heißbaderaum („al bayt al-sajun"). Durch die sternförmigen Öffnungen in der Decke wurde die Luftzufuhr reguliert. Im Warmbaderaum („al-bayt al-wastani") ruhte man. Die **Catedral** wurde im 16. Jh. von Andrés de Vandelvira im Renaissancestil entworfen. Der dreischiffige, lichte Bau wurde erst im 18. Jh. fertiggestellt. In der Kathedrale wird eine Reliquie des Schweißtuchs der heiligen Veronika bewahrt, das „Santo Rostro". Auf einem Felsen über der Stadt wacht das **Castillo Santa Catalina** (12. Jh.).

MUSEEN

Das **Museo Catedralico** in der Kathedrale zeigt liturgische Kostbarkeiten und Gemälde, u. a. von Jusepe de Ribera (Di.–So. ab 10.00 Uhr). Im Gebäude der Arabischen Bäder befinden sich auch ein **Volkskundemuseum** sowie das **Internationale Museum für naive Kunst** (Di.–Sa. 9.00–22.00, So bis 15.00 Uhr). Außerhalb der Altstadt, in nördlicher Richtung, liegt das **Museo de Jaén**. Neben einigen sehenswerten Malereien etwa von Alonso Cano beeindruckt die Skulpturengruppe Cerrillo Blanco (5. Jh. v. Chr.) der wohl bedeutendsten Sammlung iberischer Kunst (Paseo de la Estación 27, www.museosdeandalucia.es, Di.–So.).

Üppigster Blumenschmuck ist Zeichen der Verehrung bei der Prozession, die während der Semana Santa (Karwoche) stattfindet.

AKTIVITÄTEN

Neben dem Sportkomplex Las Fuentezulas in Jaén beginnt die **Vía Verde del Aceite**. Auf dem Gleisbett einer früheren Bahnstrecke führt der Rad- und Wanderweg über 55 km und endet bei der Laguna del Chinche bei Alcaudete (www.viasverdes.com). **Paraglider** starten bei Pegalajar (s. u.).

VERANSTALTUNGEN

Prozessionen finden in der **Semana Santa** (Karwoche) statt. Die **Feria de San Lucas** ist das Stadtfest (18. Okt.). Bei der **Romería Santa Catalina** (25. Nov.) bewegen sich Prozessionen zum Burgberg hinauf.

HOTEL

Im Castillo de Santa Catalina ist das Parador-Hotel € € € **Parador de Jaén** untergebracht (Tel. 95 3 23 00 00, www. parador.es).

UMGEBUNG

Um Jaén erstreckt sich eine **Olivenbaumlandschaft**. Von Bedeutung für den Anbau ist u. a. der Ort **Martos** (ca. 20 km westl.). Der Naturpark **Sierra Mágina**, etwa 15 km östlich, ist ein schönes Revier für Wanderer. Bei **Pegalajar** (ca. 11 km südl.) kann man auch urige Höhlenwohnungen für einige Tage mieten (www.cuevasdepegalajar.com). Ein Infozentrum für die Sierra Mágina befindet sich in der Burg von **Jódar**. 4 km westlich duckt sich das Dorf **Bedmar** unterhalb von steilen Felsen.

INFORMATION

Oficina del Turismo, C/ Maestra 6, Tel. 95 3 19 04 55, www.turjaen.org

❷ Baeza

Prachtvolle Paläste, Kirchen und eine alte Universität lassen sich in einem bequemen Spaziergang erkunden. Der erste Bischofssitz in Andalusien erlebte seine große Zeit im 16. Jh. Der neue Wohlstand schlug sich in aufwendigen Palastbauten und der Gründung einer Universität nieder.

INFOS & EMPFEHLUNGEN

SEHENSWERT
Die recht kleine Altstadt von **Baeza** TOPZIEL hat es in sich. Der Palacio Jabalquinto, im 15. bis 17. Jh. erbaut, begeistert mit einer einzigartigen Fassade im isabellinischen Stil. Gegenüber behauptet sich die **Iglesia Santa Cruz** in spätromanisch-reduzierter Eleganz. Die **Antigua Universidad** öffnete 1542 ihre Pforten. Ein malerisches Ensemble bietet die **Plaza Sta. María** mit der **Kathedrale** aus dem 16. Jh., dem **Seminario de San Felipe Neri** (heute Internationale Universität) und den **Casas Consistoriales** (15. Jh.). Die Arbeiten an der Kathedrale leitete der Architekt Andrés de Vandelvira. Ein ähnlich stimmiges Ensemble ist die **Plaza del Populo** (westl.) mit der **Fuente de los Leones**. Die Löwenfiguren des Brunnens sind römischen Ursprungs, während man bei der Frauenfigur davon ausgeht, dass sie die iberische Prinzessin Himilke darstellt, die den Karthager Hannibal heiratete. Links vom Brunnen steht das **Schlachthaus** (Antigua Carnicería), dessen Fassade ebenso prachtvoll ist wie die der **Casa del Pópulo** an der Ostseite des Platzes. Viele weitere Baudenkmäler wie das **Rathaus** (Ayuntamiento; Paseo Cardinal Benavides) im andalusischen Platereskenstil des 16. Jh.s sind in der Stadt zu entdecken.

Tipp
Übernachten im Palast

Welches ist das schönste Hotel der staatlichen Parador-Kette? Ein Favorit ist der € € / € € € **Parador von Úbeda** in einem Renaissancepalast aus dem 16. Jh. mit doppelstöckigem Innenhof, der einst dem Hauptpriester der Heiligen Kapelle Sacra Capilla de El Salvador gehörte. Herrschaftlich sind die großzügigen Räume zur Plaza de Vázquez Molina. Wunderschön sind die beiden begrünten Innenhöfe der edlen Unterkunft. Auch die regional ausgerichteten Gerichte können sich sehen – und vor allem schmecken – lassen.

Tel. 95 3 75 03 45, www.parador.es

HOTELS
Klar und elegant, wie es dem Renaissancestil entspricht, ist das € € / € € € **Hotel Puerta de la Luna,** das sich in einem Palast des 17. Jh.s befindet (C/ Canónigo Melgares Raya, Tel. 95 3 74 70 19, www.hotelpuertadelaluna.es). Beim Olivenölmuseum (s. u.) liegt das € € **Hotel Hacienda La Laguna** (Tel. 95 3 77 10 05, www.haciendalalaguna.com).

RESTAURANT
Die Küche des € € / € € € **La Pintada** ist ausgezeichnet. An lauen Abenden sitzt man im ro-

Im Rot des Klatschmohns oder in der Bergwelt um Cazorla wird Einsamkeit malerisch, beim Sport im Guadalquivir aufregend ...

mantischen Innenhof (Canónigo Melgares Raya 7, Tel. 95 3 74 70 19, im Hotel Puerta d. l. Luna).

UMGEBUNG
Bei Puente del Obispo (ca. 10 km südwestl.) folgt man der Abfahrt „Hacienda La Laguna", um zum Olivenölmuseum **Museo de la Cultura del Olivo** zu gelangen. In den Räumen der Hacienda aus dem 19. Jh. zeigen jahrhundertealte Gerätschaften, wie das „Gold des Südens" gemahlen, gepresst und weiterverarbeitet wurde (tgl. ab 10.30 Uhr, www.museodela culturadelolivo.com).

INFORMATION
Oficina de Turismo, Plaza del Pópulo, 23440 Baeza, Tel. 95 3 77 99 82, www.jaenparaisointerior.es

Úbeda

Das „Salamanca Andalusiens" prunkt mit etlichen Renaissancebauten. Der Streit, welche der beiden Städte denn nun schöner sei, Baeza oder Úbeda, wird seit Jahrhunderten geführt.

SEHENSWERT
Bevor man mit der Stadtbesichtigung in **Úbeda** TOPZIEL beginnt, lohnt ein Blick vom südöstlich gelegenen **Paseo Redonda de Miradores.** Weit überblickt man die Landschaft mit den Olivenbäumen, die im Osten und Süden von den Gebirgszügen der Sierra Mágina und Sierra de Cazorla gerahmt wird. In der Unterstadt beeindruckt die **Plaza de Vázquez de Molina,** an deren Stirnseite die **Capilla del Salvador** steht. Stilistisch eigenwillig ist die Renaissancefassade der „Erlöser-Kapelle" mit ihren Reliefs. Andrés de Vandelvira baute sie nach den Plänen von Diego de Siloé zwischen 1536 und 1556 als Grablege für den Sekretär Kaiser Karls V., Francisco de los Cobos. Hinter der Apsis öffnet sich ein Hof zum **Hospital del Salvador** und dem angrenzenden **Palacio Francisco de los Cobos.** An den Längsseiten

des Platzes befinden sich der **Palacio del Condestable Dávolos,** heute ein Parador-Hotel, und der **Palacio de las Cadenas.** Gegenüber diesem Vandelvira-Bau steht die Kirche **Santa María de los Reales Alcázares** mit gotischen Kapellen und schönem Kreuzgang. Daran schließen sich das ehemalige Gefängnis **Cárcel del Obispo,** der **Palacio de Mancera** (16. Jh.) und der einstige Kornspeicher **Antiguo Pósito** an.
Die **Plaza del Primer del Mayo** mit dem ehemaligen Rathaus (nördlich davon) wird an der Nordflanke von der **Iglesia San Pablo** begrenzt. 1511 wurde die zweitälteste Kirche der Stadt mit einem Hauptportal im isabellinischen Stil versehen. Aus spätromanischer Zeit stammt ihr Westportal. Der späte Stil Vandelviras ist klar, streng und elegant, wie man es am Patio des **Hospital de Santiago,** dem letzten Bauwerk des Meisters, ablesen kann (westl. des Zentrums, heute Kulturzentrum).

MUSEEN
Die frühgeschichtlichen und antiken Funde der Region zeigt das **Museo Arqueológico** (C/ Cervantes 6). Das Haus, in dem der Mystiker **San Juan de la Cruz** starb, beherbergt ein kleines Museum mit Kapelle (C/ del Carmen).

HOTEL
€ / € € **Nueve Leyendas** ist ein sympathisches Altstadthotel (besonders schön ist Zimmer Nr. 203; Plaza López de Almagro 3, Tel. 95 3 79 22 97, www.hotelnueveleyendas.com).

»*Die Erkundung Baezas ist wie ein Spaziergang durchs 16. Jahrhundert. Mit Úbeda gehört die Stadt zum Welterbe der UNESCO.*«

EINKAUFEN

Alfarería Tito (Plaza de Ayuntamiento 12) hat eine große Auswahl handgearbeiteter **Keramiken.** Das traditionelle Keramikerviertel liegt außerhalb der Stadtmauer in der Calle Valencia. In Nr. 12 hat Paco Tito ein Laden-Museum.

INFORMATION

Oficina de Turismo, Palacio Marqués del Contadero, Calle Baja del Marqués 4, 23400 Úbeda, Tel. 95 3 77 92 04, www.jaenparaisointerior.es

❹ Cazorla / Sierra de Cazorla

Cazorla ist das Zentrum des größten Naturparks in Spanien. Es liegt an der westlichen Bergflanke der bis zu 2100 m hohen Sierra.

SEHENSWERT

Das Zentrum Cazorlas mit Gassen und belebten Plätzen ist einen Besuch wert. Die Kirche **Santa María,** von Vandelvira entworfen, wurde von den Truppen Napoleons in Brand gesteckt und ist nur noch als Ruine erhalten. Über ihr thront die **Festung La Yedra** (mit Volkskundemuseum). Der riesige Naturpark, der **Parque Natural Sierras de Cazorla, Segura y Las Villas** (214 000 ha), lässt sich grob in die Bergketten der Sierras de Cazorla y Las Villas und der sich parallel dazu erstreckenden Sierra de Segura unterteilen. Im Tal dazwischen entspringt der **Guadalquivir,** der größte Fluss Andalusiens, der zum Embalse del Tranco gestaut wird. Damwild, Steinböcke, Mufflons sowie Habichte und Geier bevölkern den Park.

VERANSTALTUNG

Im Juli hört man in Cazorla blaue Noten: beim jährlichen **Bluesfestival**.

HOTELS

In einem wildromantischen Tal liegt die Pension € **Molino La Fárraga** (Camino de la Hoz, Tel. 95 3 72 12 49, www.molinolafarraga.com), mitten im Naturpark der € € / € € € **Parador de Cazorla** (www.parador.es). Ruhig gelegen ist das € **Hotel Rural Los Parrales** (El Tranco, km. 2, Tel. 95 3 10 75 40) an der Mündung des Guadalquivir in den Stausee El Tranco.

UMGEBUNG

Im netten Bergdorf **Quesada** (20 km südl. von Cazorla) erinnert das Museo Rafael Zabaleta an den expressionistischen Maler. Nach 90 kurvigen Kilometern erreicht man im Nordosten **Segura de la Sierra**. Der Bergort ist Ausgangspunkt für Touren in den nördlichen Naturpark. Rund 8 km nördlich davon liegt **Orcera** mit seiner Kirche aus dem 16. Jahrhundert.

INFORMATION

Oficina de Turismo de Cazorla, Plaza de Santa María, 23470 Cazorla, Tel. 95 3 71 01 02, http://cazorla.es/turismo (span.), www.jaenparaisointerior.es

---

JAÉN UND NORDOSTEN
48 – 49

Genießen   Erleben   Erfahren

Geführt in die Wildnis

DuMont Aktiv

Ökologisch lupenrein sind sie ja nicht, die Touren mit dem Geländewagen durch den Parque Natural Sierras de Cazorla, Segura y Las Villas. Andererseits ist das Gebiet so groß, dass man ohne Plan oder Hilfestellung zunächst gar nicht weiß, wie, wo und was man eigentlich unternehmen könnte.

Ehe man also selbst stundenlang mit dem Mietwagen durch die sensible Natur irrt, kann man sich auch der Erfahrung geschulter Naturguides anvertrauen. Da kommt das Angebot von TurisNat also gerade recht. Mit dem Geländewagen oder dem Offroadbus geht es über Schotterpisten zu schönen Naturspots. Beliebt ist die Tour zu den Quellen des Guadalquivir. Unterwegs unternimmt man eine kurze Wanderung zur Felsenschlucht Cerrada de Utrero, wo man das in Andalusien seltene Schauspiel eines Wasserfalls bestaunen kann. Über Waldwege geht es auf 1400 m Höhe zum Quellgebiet von Andalusiens größtem Fluss. Wer Glück hat, sieht auch den einen oder anderen Geier am Himmel kreisen.

Mehr Einsatz erfordert das Angebot Nummer 11 der insgesamt 18 angebotenen Routen. Auf der über 145 km langen Fahrt durch schöne Natur wird auch der Gipfel Pico de Cabañas bestiegen – und das bedeutet einen Anstieg auf 2028 m.

Weitere Informationen

Touren
Infos hält die Touristeninformation der Sierras bereit, in der man sich auch für die 4 x 4-Touren anmelden kann:
TurisNat,
Avenida del Parque Natural n° 2 bajo,
Cazorla, Tel. 95 3 72 13 51,
www.turisnat.es

Allgemeine Informationen
Weitere Informationszentren zum Naturpark Sierra de Cazorla:
Torre del Vinagre: Ctra. del Tranco, km 48, tgl. geöffnet
Río Borosa: Ctra. del Tranco, km 2,
Tel. 95 3 71 30 17,
www.sierrasdecazorlaseguraylasvillas.es

MÁLAGA / COSTA DEL SOL
50 – 51

Große Kunst an sonniger Küste

Wo Spaniens Sonnenküste das Meer trifft, blüht der Tourismus. Die Costa del Sol ist ein dicht bebautes Ferienparadies mit Sonnen- und Spaßgarantie. Romantiker zieht es eher ins bergige Hinterland, für Kunstbegeisterte heißt die erste Station Málaga.

Vom Balcón de Europa bei Nerja wird der Charme der Costa del Sol offenkundig: feiner Sandstrand, das blaue Mittelmeer und weiße Häuser vor dem bergigen Hintergrund.

Das kommt auch dem Feingeist entgegen: Erst ein anregender Kunstgenuss im Museu Picasso (rechts), danach ein Shoppingbummel durch Málaga zur Erholung, und der Botanische Garten liefert ausreichend Grün fürs Auge dazu.

In Málaga, der alten Hafenstadt an der Südküste Spaniens, war vom Rummel der Costa del Sol wenig zu spüren. Während Millionen von Sonnenurlaubern an den Stränden von Torremolinos oder Fuengirola ihr Handtuch ausbreiteten, Geld ausgaben und für Jobs sorgten, ging die Provinzhauptstadt leer aus. In Málaga landete man, um 7 oder 14 Tage später gut gebräunt wieder nach Hause zu fliegen – mehr aber auch nicht. Das hat sich geändert. Málaga ist zu einer Stadt der Museen geworden, zum unbestrittenen Zentrum der Costa Sol mit sehr guten Einkaufsmöglichkeiten in modern-mediterraner Atmosphäre.

Erben und Vererben
Der Wandel der Küstenstadt begann mit der Eröffnung des Picasso-Museums im Jahr 2003. Einst hatte der geniale Maler,

Mit mehr als zwanzig Museen ist Málaga nun zu einer echten Museumsstadt geworden.

1881 in Málaga geboren, geschworen, erst dann wieder einen Fuß auf spanischen Boden zu setzen, wenn das autoritäre Franco-Regime Geschichte sei. Doch der Diktator hatte den längeren Atem – er überlebte den Künstler um zwei Jahre, Picasso blieb die Verwirklichung seines Traums vom eigenen Museum in der Geburtsstadt verwehrt.

Ohne Christine und Bernhard Ruiz Picasso wäre das Projekt wohl auch nach seinem Tod unrealisiert geblieben: Die Erben schenkten der Stadt ihre Sammlung, sodass diese lediglich für einen angemessenen Museumsbau zu sorgen hatte. Ein Modell, das offenbar Schule machte – zuletzt überließ Carmen Thyssen-Bornemisza einem 2011 neu eröffneten Museum 230 Werke für eine Dauerausstellung, deren Schwerpunkt auf der spanischen Malerei des

Ist sie der Alhambra in Granada in ihrer Pracht gleich gewesen? Hat sie sie gar übertroffen? Unvergleichlich erscheint jedenfalls der abendliche Blick auf die illuminierte Alcazaba in Málaga.

Von der Natur geschaffenes Kontrastprogramm zu steinernen städtischen Bauten: Die Tropfsteinhöhle bei Nerja (oben) fasziniert mit ihren Stalaktiten und weiten Höhlen, der Naturpark El Torcal (rechs) mit seinen aufgeschichteten Steinformationen.

Stierkampf

Die Kunst des Tötens

Auge in Auge mit dem Stier und heftig umstritten: Torero beim Stierkampf

Eigentlich passt sie nicht mehr so recht in unsere Zeit, die Corrida, der ritualisierte Kampf zwischen Mensch und Tier. So ist es auch höchst umstritten, was sich in den Arenen Spaniens am Sonntagnachmittag abspielt.

Unter Pasodoble-Klängen präsentieren sich zu Beginn drei Matadore mit ihren Cuadrillas dem Publikum und dem jeweiligen Präsidenten der Arena. Er allein wird am Ende entscheiden, ob dem Torero die Ehre eines abgeschnittenen Ohres gebührt. Oder ob er sogar zwei Ohren und den Schwanz bekommt – die höchste Auszeichnung nach einem vollendeten Kampf.

Jeder Torero hat zwei Stiere zu töten. Der Ablauf dieses blutigen Spektakels ist dabei genau festgelegt. Zu Beginn arbeitet der Torero mit der großen „capote". Er lernt den Stier kennen, reizt ihn mit dem Tuch und prägt sich seine Reaktionen ein. Die Picadores auf den gepanzerten Pferden schwächen das bis zu einer halben Tonne schwere Tier, indem sie eine Lanze in seinen Rücken stoßen. Todesmutig stellen sich dann die Banderilleros in den Lauf der mächtigen Tiere und stoßen ihnen geschickt zwei geschmückte Stäbe mit Widerhaken in den Rücken.

Nun beginnt der eigentliche Kampf, das tänzerische Spiel des Stierkämpfers, der sich alleine mit dem kleinen roten Tuch, der „muleta", und einem Degen dem „toro bravo", dem wilden Stier, in der Arena befindet. Der Todesstoß darf erst erfolgen, wenn der Wille des Tieres gebrochen ist, es den Kopf senkt. Auch der Stoß muss in einer bestimmten Weise geführt werden und das Tier wenn möglich sofort töten.

Der spanische Maler Francisco de Goya (1746–1828) hat in seinem Radierzyklus „Tauromaquia" Szenen des Geschehens festgehalten. Ihnen ist auch zu entnehmen, dass noch zu seiner Zeit der Matador von einem Pferd aus kämpfte. Außergewöhnlich ist die Corrida Goyesca, die jedes Jahr im September in Ronda veranstaltet wird. In der ältesten Arena Spaniens kämpfen dann die Toreros in Kostümen aus jener Zeit Goyas.

19. Jahrhunderts liegt. Untergebracht ist das nach ihr benannte Museo Carmen Thyssen-Bornemisza im Palacio Villalón, einem aufwendig restaurierten Palast aus dem 16. Jahrhundert. Dieser liegt nur knapp 800 Meter von Picassos Geburtshaus entfernt im Zentrum der Altstadt.

2015 hat das Centre Pompidou Málaga eröffnet. Die Dependance von Paris ist für fünf Jahre in der Mittelmeermetropole zu Gast. Der riesige Glaswürfel des Centre ist mit den Farbflächen des Künstlers Daniel Buren die neue Attraktion am ebenfalls neu gestalteten Hafen. Málaga wird immer attraktiver.

Skandale und Konsequenzen

Verlässt man Málaga in Richtung Westen, gibt es keinen Übergang mehr von Stadt und Land. Bis Estepona, kurz vor der Meerenge von Gibraltar, ist die Küste dicht bebaut. Nicht immer ging es in diesem Zusammenhang mit rechten Dingen zu. Korruption und illegale Bebauung gingen, wie man spätestens seit 2006 weiß, oft Hand in Hand. In der sogenannten Operation Malaya wurde ein Netzwerk von Politikern, Anwälten und Unternehmern und sogar Polizisten ausgehoben, dessen Zentrum im Rathaus von Marbella lag. Die Ausmaße des größten Bestechungsskandals Spaniens, bei dem geschätzte 2,4 Milliarden Euro transferiert wurden, überraschten die Küstenbewohner genauso wie das konsequente Vorgehen der Justiz. Denn bis dato galten Bestechung und illegale Bauprojekte eher als Kavaliersdelikte.

Was bei der Operation Malaya ans Licht kam, gehört sozusagen zur Folgegeschichte des „Erfolgskonzepts" von Marbella. Das geht wesentlich auf Jesús Gíl y Gíl zurück. Der ehemalige Autoverkäufer, Präsident des Fußballclubs Atlético Madrid und langjährige Bürgermeister Marbellas hat die Stadt geprägt. Er hat die Reichen und Superreichen in den Luxusbadeort gelockt. Hat für Sicherheit auf den Straßen und für diskrete Spielräume in den Hinterzimmern gesorgt.

Wo sich so viele Schöne und Reiche in der Sonne tummeln ...

... darf das entsprechende Equipment natürlich nicht fehlen: Jachtschönheiten an der Küste von Marbella.

Unverrückbar und durch und durch britisch ragt er ins Mittelmeer: der Affenfelsen von Gibraltar.

MÁLAGA / COSTA DEL SOL
56 – 57

Im Süden Europas auf britischem Grund und Boden: Vom Europa Point in Gibraltar kann man bis zur afrikanischen Küste blicken.

Nur die Sonne zählt

Dass gerade an der Costa del Sol der Bauboom wilde Blüten treibt, liegt vor allem am perfekten Urlaubsklima. Warme bis heiße Temperaturen, gut 300 Sonnentage im Jahr und natürlich viele Strände sind die besten Argumente. Schon vor 50 Jahren ging es los mit dem Massentourismus. Aus beschaulichen Fischerdörfern wurden gut funktionierende Urlaubsmaschinen mit Spaßgarantie. Torremolinos ist das größte Tourismuszentrum mit einem Drittel aller Hotelbetten der Costa del Sol. Fuengirola bucht man wegen seiner schönen Sandstrände und den surftauglichen Wellen, Marbella lockt die Reichen wie die, die gerne etwas von deren Glanz abhaben möchten.

Obwohl ein Ort dem anderen gleicht, spricht doch jeder sein Publikum an. Der typische Aufbau: In Strandnähe ragen hohe Hotelblocks empor, dahinter folgt der Stadtkern mit Einkaufsstraßen, günstigen Hostals und Apartments bis hin zur autobahnbreiten Nationalstraße A 340, die die Orte wie ein breiter Fluss trennt. An den Ausläufern der Sierra finden sich dann meist die Villen der Wohlhabenden.

Treff des Jetsets

Der Aufstieg des Fischerdorfs Marbella lässt sich ziemlich genau festmachen. In den 1950er-Jahren gründete Alfonso Prinz zu Hohenlohe-Langenburg das Marbella Beach Club Hotel. Er bot den internationalen Stars und Superreichen seiner Zeit genau das, was sie suchten: einen sonnigen Platz im Süden, gut erreichbar, luxuriös und ohne den Rummel, der sie in Monaco oder an der Côte d'Azur erwartete. Ob Cary Grant oder Grace Kelly, südamerikanische Diktatoren oder unglaublich reiche Menschen – sie kamen und wirkten am Mythos Marbella. Heute sind Medien und Paparazzi ständig vor Ort, schauen am Casino von Puerto Banús, in den schicken Strandclubs am Niki Beach und in Restaurants wie dem Dallis oder auf einem der Golfplätze vorbei, um die Klatsch- und Promipresse ständig mit Neuigkeiten zu versorgen.

Durchweg britisch

Wie ein Fanal, ein Halt, ehe es hinausgeht ins weite und unbekannte Meer, ragt „the rock", der Felsen an der Meerenge von Gibraltar, auf. Strategisch war und ist Gibraltar von enormer Bedeutung. Es gibt keinen besseren Ort, um den Zugang zum Mittelmeer zu kontrollieren. Und trotz NATO und EU denkt das Vereinigte Königreich gar nicht daran, Gibraltar Spanien zu überlassen. Dass es in den Jahren 2006 und 2008 möglich war, den kleinen Flughafen der Halbinsel von Madrid aus direkt anzufliegen, galt schon als diplomatischer Meilenstein. Zwischen Spanien und Gibraltar, das 1704 englische Kronkolonie wurde, gibt es bis heute Streit um die jeweiligen Hoheitsrechte.

Kurz nachdem die Grenze passiert ist, kreuzt man die Landebahn des internationalen Flughafens. Spätestens dann

Sie alle kamen und wirkten am Mythos Marbella.

steht man im Stau. Der dicht besiedelte Ministaat an der Bucht von Algeciras gilt trotz neuer Steuerauflagen als Einkaufs- und Unternehmerparadies. Und Gibraltar bleibt anders. Wo sonst gibt es einen von Berberaffen bevölkerten Felsblock, an dessen Fuß anstelle eines andalusischen „pueblo" eine britische Kleinstadt klebt?

Der Puente Nuevo verbindet die Stadt Ronda, die schon durch ihre außergewöhnliche Lage hoch auf dem Felsen begeistert.

Viele Reisende zieht es von der lebhaften Küste ins Landesinnere,
wo es weiße Dörfer wie Algatocín zu entdecken gibt.

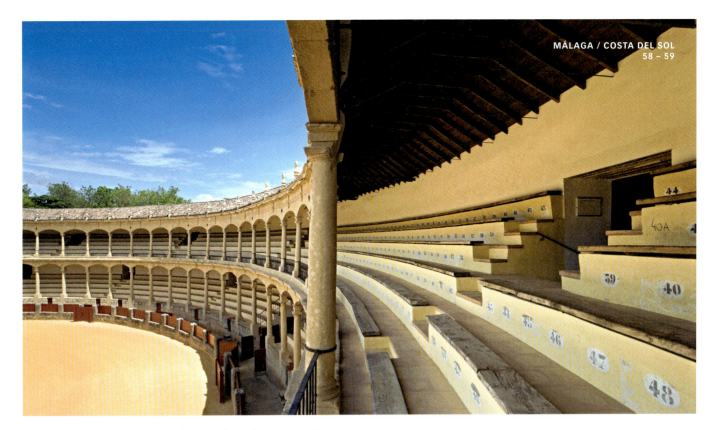

Berühmte spanische Toreros hatten ihre Auftritte in der Arena von Ronda, der ältesten Stierkampfarena Spaniens.

Rilke in Ronda

In dramatischer Lage

Toledo hatte ihn tief beeindruckt. Doch die Kälte, die im Winter Spaniens Hochebenen in den Griff nimmt, überrascht ihn. Die angegriffene Gesundheit zwingt den Dichter Rainer Maria Rilke schließlich zur Flucht in den Süden. „Córdoba war ein Wunder", notiert er, Sevilla dagegen gefällt ihm nicht.

Im Dezember 1912 erreicht er Ronda, „diese auf zwei Felsmassen hinaufgehäufte Stadt". Rilke mietet sich im Hotel Victoria ein, in Zimmer 208, das später zu einem kleinen Museum wurde. Er unternimmt Wanderungen und arbeitet an seinen Gedichten. Die Hoffnung, in Spanien die „Duineser Elegien" abschließen zu können, erfüllt sich nicht. Er hatte sie auf dem Adriaschloss Duino begonnen. Rilke bleibt ein Getriebener. Fast täglich schreibt er seinen Bekannten oder Gönnern Briefe aus der andalusischen Einsamkeit. Mit Wortgewalt schildert er die Szenerie von Ronda: „Es ist

Das einstige Rilke-Zimmer im Hotel Victoria

unbeschreiblich, um das Ganze herum ein geräumiges Tal, beschäftigt mit seinen Feldflächen, Steineichen und Ölbäumen, und drüben entsteigt ihm wieder, wie ausgeruht, das reine Gebirg, Berg hinter Berg, und bildet die vornehmste Ferne. Was die Stadt selbst angeht, so kann sie in diesen Verhältnissen nicht anders als eigen sein, steigend und fallend, da und dort so offen in den Abgrund, dass gar kein Fenster hinzuschauen wagt."

Special

Ein Traum auf zwei Felsen

Der Reiz der Costa del Sol liegt nicht nur in der Kombination aus Meer, Stränden und sehr viel Sonne. Die Sierra Grazalema und die sanften Hügel der Serranía de Ronda gehören zu den schönsten Landschaften Andalusiens.

Das gilt auch für die Stadt Ronda. Vor allem Schriftsteller scheinen vom Reiz der auf zwei hohen Felsklippen ruhen-

Vor allem Schriftsteller scheinen vom Reiz der Stadt Ronda ergriffen.

den Stadt fasziniert: Es ist die Lage, dieses Wagnis, einen Ort genau dort anzusiedeln, wo er dem Abgrund am nächsten ist, wo eine Brücke gebaut werden musste, bei der einem schon beim Hinsehen der Atem stockt. Wie ein Keil hat der Rio Guadalevín über Jahrhunderte das Gestein gespalten und trennt den alten vom neuen Teil der Stadt. Rilke und Ernest Hemingway, auch die Schriftstellerin Luise Rinser waren von ihrem poetischen Zauber fasziniert. „Wer da ganz am Rand steht, muss dieses Gleichgewicht zwischen Herz und Gefühl haben", schrieb sie.

UNSERE FAVORITEN

Die besten Gerichte

So schmeckt Andalusien

Was ist schöner, als eine Region durch ihre Gastronomie kennenzulernen? Natürlich lässt sich in Andalusien exquisite und internationale Küche genießen, doch viel näher kommt man dem Charakter dieser Region über ihre einfache, aber intensive und authentische Landesküche!

1 Gazpacho, Salmorejo, Ajo Blanco

Die kalte Gemüsesuppe Gazpacho ist längst ein internationaler Klassiker. Wie gut und genial einfach dieses alte Hirtengericht ist, spürt man an einem heißen andalusischen Sommertag. Leicht, würzig und erfrischend ist der Mix aus rohen Tomaten, Paprika, Zwiebel, Knoblauch, Weißbrot und Olivenöl. Eine Variante ist der sämigere Salmorejo, der oft mit Schinken- und Eisstückchen serviert wird. Ajo Blanco ist eine kalte Mandel-Knoblauchsuppe, zu der traditionell Trauben gereicht werden.

2 Rabo de Toro

Besonders in der kühleren Jahreszeit ist das typisch andalusische Gericht ein Genuss. Der Stier- oder Ochsenschwanz schmort und zieht wenn möglich mehrere Stunden in einem Sud aus Tomaten, Zwiebeln, Knoblauch, Safran und Wein. Manchmal kommen auch Zimt, Rosinen oder Backpflaumen dazu. Serviert wird er meist mit Kartoffeln, die in Olivenöl frittiert wurden. Zum deftigen Gericht passt ein einfacher, kräftiger Rotwein.

Chikito, Plaza Campillo 9, Granada, Tel. 95 8 22 33 64; Pedro Romero, C/ Virgen de la Paz 18, Ronda, Tel. 95 2 87 11 10

3 Jamón Ibérico de Bellota

Feinschmecker denken bei Andalusien wahrscheinlich sofort an den luftgetrockneten Schinken, der aus dem Grenzgebiet zur Extremadura kommt. Der Jamón Ibérico de Bellota stammt von einer speziellen Schweinerasse, dem Cerdo Ibérico, auch Pata Negra genannt. Diese typische dunkle Rasse stammt aus einer Zeit, als es die hellen Hausschweine noch gar nicht gab. In ihren letzten Lebensmonaten ziehen die Tiere durch Steineichenhaine und fressen Eicheln, was das Zeug hält (*bellota*, dt.: Eichel). Dies ist einerseits günstig und ökologisch sinnvoll, andererseits trägt es deutlich zu dem speziellen feinen, würzig-nussigen Geschmack des Schinkens bei. Bis zu drei Jahren kann der Reifeprozess für einen Jamón Ibérico dauern. Der edle Schinken wird direkt von der Keule geschnitten.

4 Vino de Jerez

Im sogenannten Sherry-Dreieck zwischen Jerez de la Frontera, Puerto de Santa María und Sanlúcar de Barrameda wachsen die Trauben für den Vino de Jerez. Mindestens seit dem 16. Jahrhundert werden die Weine mit Weingeist versetzt, um sie haltbarer zu machen. Sherry reift in Botas, 500 Liter fassenden Fässern. Je nach Traube sowie Dauer und Intensität des Luftkontakts entstehen die unterschiedlichen Arten des Vino de Jerez.

Bodegas Rey Fernando de Castilla, C/ Jardinillo 7–11, Jerez de la Frontera, www.fernandodecastilla.com; González Byass, C/ Manuel González, Jerez de la Frontera www.gonzalezbyass.es

UNSERE FAVORITEN
60 – 61

5 Berenjenas con Miel & andere Tapas

Die andalusische Küche kennt viele Beispiele dafür, dass leckere Speisen nicht kompliziert sein müssen. Ein aus der Region von Córdoba kommender Tapa-Klassiker sind frittierte Auberginen. Die in Mehl gewendeten und in Öl knusprig frittierten Stücke werden mit Rohrzuckerhonig (Miel de Caña) genossen. Der nach eigenen Angaben letzte Hersteller für Rohrzuckerhonig in Europa findet sich übrigens im schönen „pueblo blanco" Frigiliana, östlich von Málaga. Typische andalusische Appetithäppchen sind auch Aceitunas, besondere Oliven, die auf keinem Tisch fehlen dürfen, Sardellen sowie Muscheln, die in Olivenöl, Knoblauch und Gewürzen zubereitet werden. Ein Tapasrestaurant wie aus dem Bilderbuch ist das El Pimpi in Málaga. Gepflegte Tapas in angenehmer Atmosphäre gibt es in Granada (Abb.) oder auch im Restaurant Sopranis in der Altstadt von Cádiz, zum Beispiel knusprige Langostinos mit Salmorejo. Und in Sevilla ist die Tapas-Zone schlechthin die Calle Mateos Gago, hier reiht sich Lokal an Lokal.

El Pimpi: C/ Granada 62, Málaga, Tel. 95 2 22 89 90.
Restaurant Sopranis: C/ Sopranis 5, Cádiz

6 Mojama

Schon die Phönizier gingen an der Atlantikküste Andalusiens auf Thunfischfang. Meist wird der edle Fisch frisch verarbeitet oder eingelegt. Um sprachlichen Verwirrungen vorzubeugen: *atún* wird der Rote Thunfisch genannt, während der teurere helle *bonito* oder *atún claro* heißt. Eine lokale Spezialität ist Mojama. Hierbei wird das Fleisch des Roten Thunfischs zunächst eingesalzen und dann in der Meeresluft getrocknet. Man genießt Mojama fein geschnitten als Tapa zu einem Gläschen Weißwein oder Sherry.

7 Sardinen am Spieß

Der Espeto, also der Spieß, wie die mediterrane Spezialität kurz genannt wird, ist mehr als ein einfaches und köstliches Grillgericht. Besonders beliebt ist es in Málaga, wo der Espetero, also der, der die Fische zubereitet, sogar mit einem Denkmal geehrt wird. In Strandlokalen, den „Chiringuitos", werden mehrere Sardinen auf einen Holz-, Zuckerrohr- oder Eisenspieß gezogen und am offenen Holzfeuer gegrillt.

INFOS & EMPFEHLUNGEN   MÁLAGA / COSTA DEL SOL

Große Künstler, wilde Affen

Torremolinos und Fuengirola sind Synonyme für den Massentourismus an der Costa del Sol. Etwas ruhiger geht es an der Küste östlich von Málaga zu. Dass im Bergland von Ronda einst Banditen ihr Unwesen trieben, lässt dieses Hinterland heute noch romantischer erscheinen.

❶ Málaga

Die zweitgrößte Stadt Andalusiens wird immer attraktiver. Außer dem Picasso-Museum lockt eine inzwischen gut restaurierte Altstadt.

SEHENSWERT

Der **Gibralfaro**, die Festung, wurde im 14. Jh. vom maurischen König Yusuf I. erbaut, um von hier den unterhalb liegenden Alcazaba-Palast bewachen zu können. Die Anlage wurde bis 1925 militärisch genutzt. Ein kleines Museum ist hier untergebracht (tgl. 9.00–18.00/20.00 Uhr). Von dem einstigen Glanz und den 100 Patios der **Alcazaba** (11.–14. Jh.) ist nur wenig geblieben. Etwas unterhalb und direkt an die Altstadt angrenzend liegt das **Teatro Romano** (römisches Theater). Der Bau der nahe gelegenen **Catedral** wurde 1528 auf den Fundamenten der Hauptmoschee begonnen. Sie wurde nie ganz vollendet und der Südturm fehlt. Sehenswert im Innern des Renaissancebaus sind das Chorgestühl (17. Jh.) und in der Capilla del Rosario die Rosenkranzmadonna von Alonso Cano (Mo.–Sa. ab 10.00, So. ab 14.00 Uhr).

MUSEEN

Im erweiterten Buenavista-Palast sind die Schätze des **Museo Picasso** **TOPZIEL** zu sehen. Die rund 200 Werke gehen auf die Sammlung zurück, die Picasso selbst gehörte (C/ San Augustin 8, www.museopicassomalaga.org, Di.–So. ab 10.00 Uhr). Im nördlich gelegenen Geburtshaus Picassos befindet sich die **Fundación Picasso**, in der u. a. einige persönliche Objekte des Künstlers zu sehen sind (Plaza de la Merced 15, tgl. ab 9.30 Uhr). Das **Museo Carmen Thyssen** im Palacio Villalón zeigt Malerei des 19. Jh.s sowie Gemälde mit meist andalusischen Motiven u. a. von Joaquín Sorolla, Mariano Fortuny und Romero de Torres (C/ Compañía 10, www.carmenthyssenmalaga.org, Di.–So. ab 10.00 Uhr). Kunst des 20. Jahrhunderts und der Gegenwart ist im **Centre Pompidou Málaga** zu sehen (Muelle Uno, Hafen, http://centrepompidou-malaga.eu).
Das **Archäologische** Museum ist in der Alcazaba von Málaga untergebracht.

VERANSTALTUNGEN

Verdiales sind Musik- und Tanzdarbietungen, die dem Flamenco ähneln und zur Winter- und Sommersonnenwende aufgeführt werden. Kurios ist der Brauch, während der **Karwoche** einen Häftling zu begnadigen. Das Stadtfest mit Konzerten, die **Féria**, findet im August statt

HOTEL

Die € € €/€ € € **Posada del Patio**, ein schickes Luxushotel, steht am Altstadtrand (Pasillo Santa Isabel 7, www.vinccihoteles.com).

UMGEBUNG

Etwa 10 km nördlich von Málaga liegt der sehenswerte **Botanische Garten**. Westlich der Stadt gelangt man zu den weiterhin besuchten Badeorten **Torremolinos** (12 km) und **Fuengirola** (25 km).

INFORMATION

Oficina de Turismo,
Plaza de la Marina 11,
29001 Málaga, Tel. 95 1 92 60 20,
www.malagaturismo.com

Chef am Felsen von Gibraltar. Die stolze Höhe von 425 m ermöglicht von dort oben einen tollen Blick.

Tipp

Mit Ausblick

Knapp 50 Golfplätze gibt es allein zwischen Málaga und Gibraltar. Grund ist das vor allem von Herbst bis Frühling günstige Klima. Die Anlage von Valderrema bei Sotogrande gilt als eine der besten Europas (Tel. 95 67 91 20 0). Die Nähe zum Meer und den Felsen von Gibraltar machen den Alcaidesa Links Golf Course bei La Linea zum Erlebnis (Tel. 95 67 91 04 0).

Infos auch beim Königlichen Golfverband Andalusien, www.rfga.org

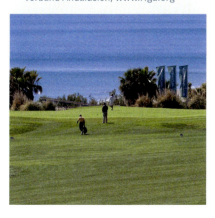

Tipp

Traumautos

Mehr als 80 kostbare Automobile aus den vergangenen hundert Jahren zeigt das **Museo Automovilístico** in Málagas ehemaliger Tabakfabrik, darunter auch einen Mercedes aus dem Jahr 1937.

Avenida Sor Teresa Prat 15,
www.museoautomovilmalaga.com
Di.–So. 10.00–19.00 Uhr

INFOS & EMPFEHLUNGEN

② Nerja

Das Urlaubszentrum hat sich trotz Ferienhaussiedlungen einen natürlichen Charakter bewahrt. Durch die Altstadt gelangt man zum Balcón de Europa.

SEHENSWERT
Die gut 4 km lange Tropfsteinhöhle **Cueva de Nerja** beeindruckt mit hohen, weiten Sälen (www.cuevadenerja.es, tgl.). Im Juli findet hier das **Festival Cueva de Nerja** statt.

HOTEL
Die € / € € **Romántico Casa Maro** in Maro hält, was ihr Name verspricht (C/ Carmen 2, Tel. 62 7 95 84 56, www.hotel-casa-maro.com).

UMGEBUNG
Viele Besucher lockt es nach **Frigiliana** (6 km nördl.), das „pueblo blanco" mit andalusisch-arabischer Dorfstruktur am Rand des Naturparks **Sierra de Tejeda**.

INFORMATION
Oficina de Turismo, C/ Carmen 1, 29780 Nerja, Tel. 95 2 52 15 31, www.nerja.org

> **Tipp**
>
> ### Logieren im Castillo
>
> Erst kamen die Aussteiger, dann der Rest der Welt. An Wochenenden kann es auf der handtuchschmalen Zufahrt zum Burgdorf Castellar de la Frontera, nördlich von Gibraltar, eng werden. Am besten, man mietet sich einige Tage im Burghotel ein, spaziert durch die verwunschene Natur am Stausee Guadarranque und genießt die Ruhe, wenn die Besucher wieder verschwunden sind.
>
> € € Castillo de Castellar, Tel. 95 6 30 56 11, www.tugasa.com

③ Marbella

Die Stadt geht auf eine phönizische Gründung zurück. Der Promitreff der Costa del Sol überrascht heute mit einer hübschen kleinen Altstadt. In Puerto Banús bemisst sich der Reichtum der Gäste an der Größe ihrer Jacht.

SEHENSWERT
Zentrum der „casco antiguo", der Altstadt, ist die von Orangenbäumen umstandene **Plaza de los Naranjos** mit der **Casa del Corregidor** (1552), dem **Ayuntamiento** (Rathaus) aus derselben Zeit und der **Ermita de Santiago**. Die Kapelle wurde wahrscheinlich nach dem Sieg über die Mauren 1485 erbaut. Am **Jachthafen Puerto Banús** (10 km westl.) flaniert man an schicken Bars und Jachten entlang.

HOTELS
Neben Luxushotels wie dem € € € € **Marbella Club Hotel, Golf Resort & Spa** am Bulevar Príncipe Alfonso von Hohenlohe (www.marbellaclub.com) findet man auch kleine, charmante Hotels wie € € **La Morada Más Hermosa** in der Altstadt (C/ Montenebros 16, www.lamoradamashermosa.com). Die Zimmer der € € € € **La Villa Marbella** sind auf mehrere Altstadthäuser verteilt (www.lavillamarbella.com).

RESTAURANT
Das Restaurant heißt wie sein Koch: € € € **Dani García** (Bulevar Príncipe Alfonso von Hohenlohe, www.grupodanigarcia.com).

UMGEBUNG
Über die Küstenstraße gelangt man westlich in ein weißes Dorf, nach **Casares** (49 km).

INFORMATION
Oficina de Turismo, Glorieta de la Fontanilla, 29600 Marbella, Tel. 95 2 77 14 42, www.marbellaexclusive.com; weitere Büros: Plaza de los Naranjos, in Puerto Banús und in San Pedro Alcántara

④ Gibraltar

Tarik war 711 in den Osten der Bucht von Algeciras gelangt und hatte die Iberische Halbinsel erobert. Eine multikulturelle Atmosphäre macht heute den Reiz der Kolonie auf der knapp 7 m² großen Halbinsel aus. Besucher sollten ihr Auto auf der spanischen Seite stehen lassen und mit einem Bus nach Gibraltar fahren. Zahlungsmittel ist das britische Pfund, Euro wird meist auch akzeptiert.

SEHENSWERT
Hinter dem Flughafen erreicht man die **North Town** und die **Main Street** mit Pubs, Geschäften und Restaurants. Am einstigen Franziskanerkloster (16. Jh.) am Südende der Main Street, heute Governor's Residence, findet der

Definiert sich so andalusische Schönheit? Sattes Grün im Park von Marbella in Konkurrenz mit den weißen Häusern von Gaucín.

Wachwechsel statt (Di. 11.00 Uhr). Oberhalb der Altstadt thront das **Moorish Castle**. Von den **Alameda Gardens** geht es mit der **Seilbahn** (Cable Car) hinauf zum Affenfelsen mit ca. 150 Berberaffen. Am Highest Point (425 m) vorbei erreicht man **St. Michael's Cave**, eine Tropfsteinhöhle. Die Südspitze Gibraltars markiert der **Europa Point**.

MUSEUM
Das **Gibraltar Museum** schildert die spannende Historie (Bomb House Lane, Mo.–Fr. 10.00–18.00, Sa. bis 14.00 Uhr).

INFORMATION
Gibraltar Tourist Board, Duke of Kent House, Cathedral Square, Tel. 00 350 20 07 49 50, www.visitgibraltar.gi

⑤ Ronda

Spektakulär ragt die Stadt bis an den Rand eines Felsplateaus.

SEHENSWERT
Am besten nähert man sich **Ronda** TOPZIEL von Westen her, dann hat man das schönste Panorama der Stadt. In der **Altstadt** (La Ciudad) an der Calle Santo Domingo findet sich die **Casa del Rey Moro,** ein Palast aus dem 18. Jh., der wahrscheinlich an der Stelle des maurischen Königspalastes steht. Durch die **Mina de Aqua** mussten christliche Sklaven Wasser in den Maurenpalast tragen. Die Eisenketten der befreiten Sklaven hängen in Toledo an der Fassade der Kirche San Juan de los Reyes. Folgt man der Calle Santo Domingo, kommt man zum **Renaissancepalast Salvatierra** und schließlich zu den **Baños Árabes,** den Arabischen Bädern (tgl. ab 10.00 Uhr). Der **Catedral Santa María la Mayor** von 1485 ist noch deutlich anzusehen, dass sie vormals eine Moschee gewesen ist. Im **Palacio de Mondragón** mit Renaissanceportal und Innenhöfen im Mudéjarstil (tgl.) logierten die Katholischen Könige, wenn sie in der Stadt waren. Aus maurischer Zeit stammt die **Casa del Gigante** (ab 10.00 Uhr). In den Stadtteil (El Mercadillo) gelangt man über den ca. 100 m hohen **Puente Nuevo,** der 1793 fertiggestellt wurde.

Spaziert man auf der um das Parador-Hotel führenden **Promenade** mit atemberaubender Aussicht, gelangt man zur **Plaza de Toros** (1785), der ältesten Stierkampfarena Spaniens.

MUSEEN
Der Besuch des **Museo Taurino** schließt eine Besichtigung der Arena mit ein (tgl. ab 10.00 Uhr). Zur romantischen Verklärung des Berufsstandes der Schmuggler haben sicher auch Prosper Merimées „Carmen" und G. Bizets gleichnamige Oper beigetragen. Mehr dazu bietet das **Museo del Bandolero** (tgl.).

HOTELS
Schön altmodisch ist das € € / € € € **Hotel Reina Victoria,** in dem Rilke zu Gast war (www.hoteles-catalonia.com). Gegenüber der Casa del Rey Moro liegt das € € **Hotel Ronda** (Rueda Doña Elvira 12, www.hotelronda.net).

UMGEBUNG
In Benaoján (13 km südl.) finden sich in der **Tropfsteinhöhle Cueva de la Pileta** ca. 25 000 Jahre alte Zeichnungen (tgl.). Ein Erlebnis ist die Fahrt auf der **Panoramastraße A 369**. Sie führt an malerischen „pueblos blancos", den Dörfern **Benadalid, Algatocín, Benalauría, Gaucín, Jimena de la Frontera** und **Castellar de la Frontera** vorbei.

INFORMATION
Oficina de Turismo, Paseo de Blas Infante, 29400 Ronda, Tel. 95 2 18 71 19, www.turismoderonda.es

❻ Antequera

Nicht nur wegen ihrer vielen Kirchen lohnt ein Besuch in der netten Stadt.

SEHENSWERT
Die schöne **Altstadt** zieht sich bis hinauf zum Castillo. Dort, an der Plaza Santa María, befindet sich die königliche Stiftskirche **Real Colegiata Santa María La Mayor** (16. Jh.) im Platereskenstil. Sehenswert auch die **Renaissancekirchen** San Sebastián, San Juan und San Pedro und die **Barockkirchen** Carmen und Los Remedios. Aus dem 3. bis 2. Jt. v. Chr. stammen die **Grabanlagen Cueva de Viera und Cueva de Menga.** In der Grabkammer der 25 m langen Cueva de Menga tragen Megalithsteine eine 180 t schwere Platte (Ausfallstraße nach Archidona bei km 5, Di.–So.). Weiter östlich liegt das Ganggrab **El Romeral.**

UMGEBUNG
Paraje Natural El Torcal TOPZIEL (15 km südl.) ist eine Felslandschaft, die durch Erosion zu einem fantastischen Steinwald geformt wurde. Bei Kletterern beliebt ist die Felsschlucht Garganta del Chorro (40 km westl.).

INFORMATION
Oficina de Turismo, Plaza de San Sebastián 7, 29200 Antequera, Tel. 95 2 70 25 05, http://turismo.antequera.es

---

Genießen   Erleben   Erfahren

Mit den Wölfen heulen

Wölfe sehen und erleben kann man im Lobo Park in den Bergen bei Antequera. Zusammen mit Alexandra Stieber hat der Deutsche Daniel Weigend den Park 2002 gegründet, der den beiden eine echte Herzensangelegenheit ist. Besucher sind willkommen ...

Aus Kanada, Alaska, Rumänien und auch aus Spanien kommen sie. Sie lieben die freie Natur, die Wildnis, die es in Europa so sonst nicht mehr gibt. Das Gehege des 42 ha großen Naturreservats in den Bergen von Antequera kann es zwar nicht mit sibirischen Weiten aufnehmen, entspricht aber dem natürlichen Habitat der Wölfe. Weil fast alle Tiere mit der Flasche aufgezogen und sozialisiert wurden, hat man beste Chancen, das Leben und Sozialverhalten der ansonsten scheuen Tiere zu beobachten.

Die Besucher, die durch das Gehege geführt werden, lernen viel über Rudelbildung und das freie Aufwachsen der Tiere, das Daniel so wichtig und Grundlage des Lobo Parks ist. Wer nach dem Rundgang noch Zeit hat, macht einen kleinen Ausritt. Jüngere Besucher zieht es zum Lehrbauernhof, wo sich Tiere streicheln und füttern lassen.

Ein Erlebnis sind die Wolf-Heul-Nächte. Der Höhepunkt dieser geführten Nachttour ist der Wolfsgesang von Daniel und „seinen Freunden".

Weitere Informationen

Planung
Lobo Park, Ctra. Antequera–Álora (A 343), km 16,
Tel. 95 2 03 11 07,
www.lobopark.com
Der Park ist tgl. 10.00–18.00 Uhr geöffnet.

Kosten
Der Eintritt beträgt 11 € für die Erwachsenen, 7 € für Kinder.
Für die Teilnahme an Sonderführungen wie einer Fototour oder einem Ausritt werden gesonderte Beiträge erhoben.

Wölfe leben im Rudel und meist in festen Revieren. Größere Bestände sind heute nur noch in Russland, Alaska und Kanada zu finden.

Maurische Pracht

Im Mittelalter galt Córdoba als reichste und größte Stadt des Abendlandes. Heute erinnern die Mezquita, die älteste Moschee Europas, und die Ruinenstadt von Medina Azahara an den Glanz von damals. Aber es gibt noch mehr zu entdecken: stille Plätze, blumige Patios und ein Hinterland voll barocker Pracht.

Die rot-weiß verzierten Bögen des Säulenwaldes verleihen der Mezquita von Córdoba eine harmonische Struktur.

Florale Muster überziehen den Mihrab in der Mezquita von Córdoba. Gemalt, als Relief oder als Mosaik und ergänzt durch Schriftbänder, führen sie die Blicke bis hinauf in die Mosaiken der Kuppel, ein Werk byzantinischer Künstler.

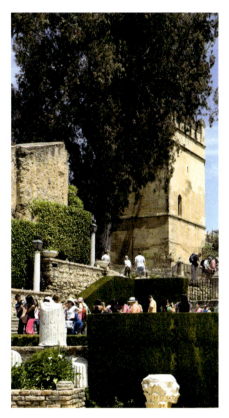

Gärten umgeben den machtvollen Alcázar von Córdoba.

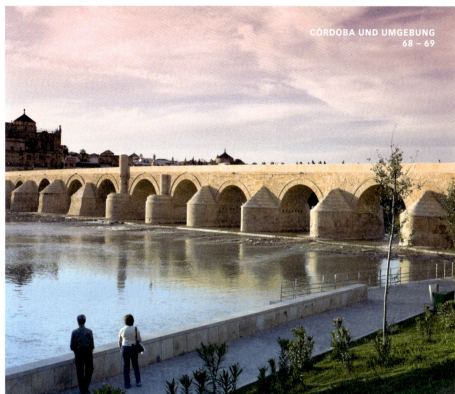

Mit sechzehn Bögen überspannt der Puente Romano, ein maurisches Bauwerk auf römischem Fundament, den Guadalquivir – und sieht nach der Restaurierung nun streitbar modern aus.

Gesellschaft

Kreuze und Blumen

Viele Dörfer und Städte in Andalusien haben über Jahrzehnte oder Jahrhunderte ihre ganz eigenen Rituale und Feierlichkeiten entwickelt. In Córdoba zum Beispiel, wo die Osterwoche mit weniger Inbrunst zelebriert wird als etwa in Sevilla, öffnen Jahr für Jahr im Mai rund 4000 Teilnehmer ihre blumengeschmückten Patios. Religiöser Natur, wenn auch nicht weniger floral, sind die Cruces de Mayo. Beim Maikreuzfest werden Kreuze mit Blumen geschmückt, in kostbare Seidenstoffe gekleidet und an Plätzen und in Gassen aufgestellt. Die Kreuze werden von Bruderschaften und Nachbarschaftsvereinen gestaltet, die natürlich hoffen, dass ihr Kunstwerk ausgezeichnet wird. An den Abenden wird in den Straßen und Lokalen gefeiert.

Es waren knapp 300 Jahre, nicht viel, wenn man in den Dimensionen der Geschichte denkt. Und dennoch, was vor einem Jahrtausend mit einem Bürgerkrieg und dem Wüten einiger Berberstämme zu Ende ging, hat Córdoba stark geprägt.

Stadt mit einem Doppelleben

Die Stadt am Guadalquivir, dem „großen Fluss", wie ihn die Mauren nannten, führt seitdem ein Doppelleben. Da sind die Gassen des ehemaligen Judenviertels, die Kirchen, Paläste und die Mezquita. Und da sind die breiten Straßenschneisen. In ihrer Mitte wurden Parks für die Bewohner angelegt, die in den einförmigen Wohnblocks leben, die Córdoba wie jede andere Großstadt Spaniens im Griff haben. Aber da ist noch etwas, etwas Großes und Zauberhaftes, der Mythos einer Stadt, die einmal die prächtigste und reichste des Abendlandes gewesen sein soll. Der Schriftsteller Antonio Muñoz Molina vergleicht Córdoba mit Pompeji und Atlantis, mit Städten, die so plötzlich versanken, dass ihr Untergang wie die Strafe eines rächenden Gottes erscheinen musste.

Wie ein Roman

152 v. Chr. wird das römische Corduba zur Hauptstadt der Provinz Baetica. Nach dem Zerfall des Imperiums übernehmen die Westgoten die Herrschaft. Als Tariq 711 bei Algeciras mit seinen Truppen aus Nordafrika landet, ist das Gotenreich schon dem Zerfall nahe. Córdoba ergibt sich ohne nennenswerten Widerstand. Die große Zeit der Stadt beginnt aber erst mit der Ankunft Abd ar-Rahmans I. im Jahr 756.

Die Geschichte des Omaijaden-Fürsten klingt wie eine Mischung aus Märchen und Abenteuerroman. Als seine Sippe im syrischen Damaskus von einem rivalisierenden Stamm getötet wurde, gelang ihm fast als Einzigem die Flucht. Er versteckte sich in Palästina und Ägypten, verfolgt von den Todesschwadronen der Abbaisiden. Immer weiter nach Westen führte ihn seine Flucht, bis er bei einem Berberstamm im heutigen Marokko Hilfe fand. In dem Bewusstsein, als Fürst und Herrscher geboren worden zu sein, gelang es ihm, ein Heer aufzustellen, mit dem er auf die Iberische Halbinsel übersetzte und dort, sechs Jahre nach seiner Flucht aus Syrien, Córdoba einnahm.

Ein Palmenwald aus Stein

Sie ist der Stein gewordene Beweis, dass es Wunder gibt. Das Innere der großen Moschee von Córdoba, der Mezquita, wurde immer wieder mit einem Palmenhain verglichen. Dies ist problem-

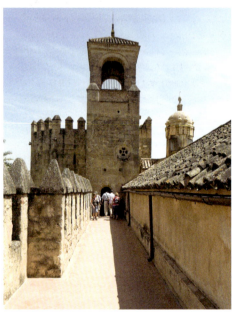

In Córdobas jüdischem Viertel (ganz oben) finden sich zwischen Souvenirläden und Lokalen schöne Patios. Hier kann man erst mal in Ruhe die Zeit verstreichen lassen – denn verlässt man das Labyrinth der Gassen, so locken sogleich Alcázar (oben) und Medina Azahara (rechts) zu weiteren interessanten Exkursionen.

Festungsmauern sind zu erklimmen, will man den weiten Blick über das Land genießen. In Almodóvar del Río wacht eine der schönsten und am besten erhaltenen Burgen über den Landstrich westlich von Córdoba.

los nachzuempfinden, bewegt man sich durch den großen Raum. Säulen und Bögen dieser Hauptmoschee sind nicht nur eine kunstvolle Abstraktion der Natur. Die Klarheit des Baus, die Regelmäßigkeit der Anlage sind eine einzige Huldigung an den Allmächtigen, der in Geist und Geometrie, in Schönheit und Proportion verehrt wird.

Der Vergleich fällt für die im 16. Jahrhundert eingefügte Kathedrale weniger vorteilhaft aus. Wie eine Spinne im fremden Netz stellt ihr barocker Baukörper Besitzansprüche. Die Reaktion Kaiser Karls V., der den Umbau genehmigt hatte, gilt heute noch genauso wie damals: „Was ihr da gebaut habt, das findet man überall, aber was ihr vorher hattet, das existiert nirgendwo auf der Welt." Aber wer weiß, vielleicht war es auch ein Glück, dass sich Bischof Alfonso Manrique mit seinem Plan durchsetzte und 1523 der Bauantrag genehmigt wurde. Immerhin konnte so das Schicksal abgewendet werden, das den übrigen rund 600 Moscheen der Stadt bevorstand: Sie stürzten ein, wurden zerstört oder als Steinbruch genutzt.

Manifestation der Macht
An dem Tag, als der Gesandte aus Konstantinopel dem Kalifen seine Aufwartung machte, sollen an der über acht Kilometer reichenden Strecke zwischen Córdoba und der Palaststadt Medina Azahara Sklaven gestanden haben, die Gastgeschenke darboten.

Während die Reiseleiterin einer spanischen Schulklasse diese Geschichte aus dem Märchenpalast des Kalifen erzählt, zeigt sie über die Ebene nach Osten. Sichtlich beeindruckt folgen ihr die Blicke der Schüler über die Reste der alten Moschee in Richtung Córdoba. Vielleicht versuchen sie sich vorzustellen, wie die Gewänder aussahen, die die Gesandten und die Sklaven trugen, wie ihre Sprache klang und wie das Land wirkte, in dessen trockener Weite, gleich einer Wüstenstadt, Córdoba lag und immer noch liegt.

Im Jahr 936 ernennt sich Abd ar-Rahman III. selbst zum Kalifen und damit zu einem Stellvertreter Allahs auf Erden. Amt und Ansehen erfordern einen neuen, prachtvollen Palast. Der Kalif hat keine Zeit zu vergeuden und beauftragt ein Heer von rund 10 000 Arbeitern, an den waldigen Ausläufern der Sierra Morena aus dem Nichts eine Traumstadt zu erbauen. Schon nach 48 Tagen steht die Hauptmoschee. Edle Materialien und versierte Handwerker werden aus dem Mittelmeerraum herbeordert. Geld spielt keine Rolle, ein Drittel des Staatshaushaltes fließt in den Bau. Konstantinopel und Karthago schenken Säulen und Mosaiksteinchen, damit der so grausame wie feinsinnige Herrscher 945 mit seinem Hof in die neuen Paläste einziehen kann. Doch 65 Jahre später ist es mit der Pracht vorbei. Die Dekadenz der Macht wird unter den Nachfolgern Abd ar-Rahmans III. nur noch deutlicher zutage treten und letztlich in den Bürgerkrieg führen, zum Ende des Kalifats und einem al-Andalus zersprengter Kleinreiche.

Konstantinopel schenkte Säulen und Mosaiksteinchen.

Jenseits der Hauptpfade
Schaut man auf das Córdoba von heute, etwa von den Einsiedeleien, den Ermitas oberhalb der Stadt, oder von der Terrasse des Parador-Hotels, bietet sich ein eher unspektakuläres Bild. Man kann sich kaum vorstellen, dass hier – wenn man den Quellen trauen kann – bis zu

Priego de Córdoba mit seinen malerischen Gassen, weiß getünchten Häusern und Kirchen ist ein urbanes Schmuckstück, das ...

... auch durch seine außergewöhnliche Lage hoch auf einem Felsplateau am Rand der Sierra Subbética zu beeindrucken vermag.

einer Million Menschen gelebt haben. Dass dies einmal eine Weltstadt war, ein Zentrum des Geldes und des Geistes, wo eine Bibliothek mit mehr als 400 000 Bänden stand und mit Dichtern und Denkern wie Averroes erste Vorboten eines aufgeklärten Zeitalters wirkten.

Das Córdoba von heute lernt man nicht kennen, wenn man nach dem Besuch der Mezquita und des Judenviertels wieder in den Bus oder ins Auto steigt. Jenseits der Hauptpfade mit den Souvenirläden, wo neben Kitsch auch der typische Silberschmuck und handgearbeitete Keramiken zu finden sind, zeigt die Stadt ein wahrheitsgetreueres Bild. Vielleicht lernt man die freundliche und offene Art vieler Einwohner schätzen, erkennt im Cristo de las Farolas auf der Plaza de los Dolores so etwas wie das christliche Heiligtum der Stadt. Oder man hört sich die Meinung der Leute an, ob es den Muslimen erlaubt sein sollte, in der Mezquita das traditionelle Freitagsgebet zu verrichten. Plötzlich wird die Vergangenheit wieder höchst aktuell.

Leuchtendes Barock

Die Provinz Córdoba liegt abseits der großen Reiserouten. Im Norden wellen sich einsame Berge mit Wäldern und im Süden, so könnte man annehmen, ist nichts außer den Sonnenblumenfeldern und den Olivenbaumreihen der Sierra Subbética. Weit gefehlt, die Textil- und Seidenproduktion brachte dem Mittelgebirge im 17. und 18. Jahrhundert viel Geld. Heute würde man damit an die Börse gehen. In Spanien, wo im frühen 19. Jahrhundert noch diskutiert wurde, ob die Glocken im Himmel aus Metall sind oder aus Wein, war die sicherste Investition aber immer noch eine Kirche. Und so kommt es, dass der Süden der Provinz voll barocker Schönheiten ist. Die schönsten Kirchen und Klöster von Priego de Córdoba, Luque, Cabra, Lucena, Rute, Encinas Reales, Benamejí und Palenciana geben eine prachtvolle und erstaunlich wenig besuchte Route des Barock (Ruta del Barroco).

DUMONT THEMA

MEDINA AZAHARA

Ein Museum gräbt sich ein

Dem Museumskomplex, der mit der alten Palaststadt Medina Azahara verbunden ist, gelingt etwas Seltenes: Er spannt einen Bogen zwischen der spanischen Architektur von heute und der Baukunst, die vor eintausend Jahren entstanden ist.

Die Formgebung der Bauten aus arabischer Zeit wurde im reduzierten Baustil des neuen Museums teils aufgegriffen.

Architektur spricht. Nein, natürlich tut sie das nicht, aber sie kann bei dem, der sie erkundet und betrachtet, Gedanken und Gefühle auslösen. So wie die Sede Institucional y Área de Gestión Integral del Conjunto Arqueológico de Madinat al-Zahra. So lautet der vollständige Name des Museums- und Forschungskomplexes, der im Jahr 2009 von der damaligen spanischen Königin Sofía feierlich eröffnet wurde.

Auftritte des spanischen Königspaars haben immer auch einen symbolischen Charakter. Oft sind sie ein Zeichen des Respekts, der Wertschätzung oder der Diplomatie. So war es sicher auch in der Ruinenstadt Medina Azahara, wo sich die Gelegenheit bot, das islamische Zeitalter Spaniens als Teil des historischen Selbstverständnisses zu würdigen.

Unter dem Sand der Geschichte

In gewisser Weise vollzieht das auch das Madrider Architektenpaar Fuensanta Nieto und Enrique Sobejano mit seinem Entwurf.

Das flache, sich ins Erdreich verstecktende Gebäude, das sie hier schufen, wirkt, als wäre es selbst erst bei den jüngsten Ausgrabungsarbeiten entdeckt worden. Besonders wachsame Besucher werden womöglich feststellen, dass der Grundriss den Proportionen von drei Ruinen folgt, die weiter oben, auf dem Ausgrabungsgelände, zu entdecken sind.

Obwohl der reduzierte und minimalistische Baustil der Madrider Architekten auf den ersten Blick so ganz und gar nicht zum überbordenden Dekor der spanisch-maurischen Architektur passen will, finden sich Parallelen. Zum Beispiel im lichten Patio des Zentrums, der nicht nur arabische Bauformen zitiert, sondern auch an eine Mischung aus Zen-Garten und Klosterkreuzgang erinnert.

In den Kontext gestellt

„Die Idee des Bauwerks folgt einer imaginären Ausgrabungsstelle", so erklärte die Architektin Fuensanta Sobejano der Tageszeitung *El País*, „daher haben wir das Gebäude eingegraben, fast so, als wäre es ein Teil der Ausgrabungsstelle." Das, was sich vom Gebäude ins grelle Tageslicht traut, sucht die Analogie zum historischen Umfeld. Der helle Beton greift nach Ansicht der Architekten die weißen und der oxidierte Stahl die roten Stuckaturen der Medina auf. Manchmal kann Architektur sprechen, sogar dann, wenn sie sich unter der Erde versteckt.

Im Jahr 2014 gingen die spanischen Architekten als Sieger im Wettbewerb um die Erweiterung der Archäologischen Staatssammlung in München hervor.

Das moderne Museum, von den Architekten Fuensanta Nieto und Enrique Sobejano geschaffen, nimmt die Struktur der bestehenden Bauten auf.

Die kunstvolle Schnitzerei an der Fassade der Medina Azahara hat überdauert.

Fakten & Informationen

Besichtigung & Führung
Der Rundgang führt in die Wohnbereiche und Dienstgebäude, die meist nur noch als Grundmauern bestehen.

Anfahrt & Öffnungszeiten
Mit dem Shuttlebus ab Paseo de la Victoria in Córdoba (Haltestellen am Kreisverkehr beim Hospital de la Cruz Roja und gegenüber Mercado Victoria), Di.–So. 10.00 Uhr Abfahrt in Córdoba, zurück 13.15 Uhr;
Tickets in der Touristeninformation in Córdoba.

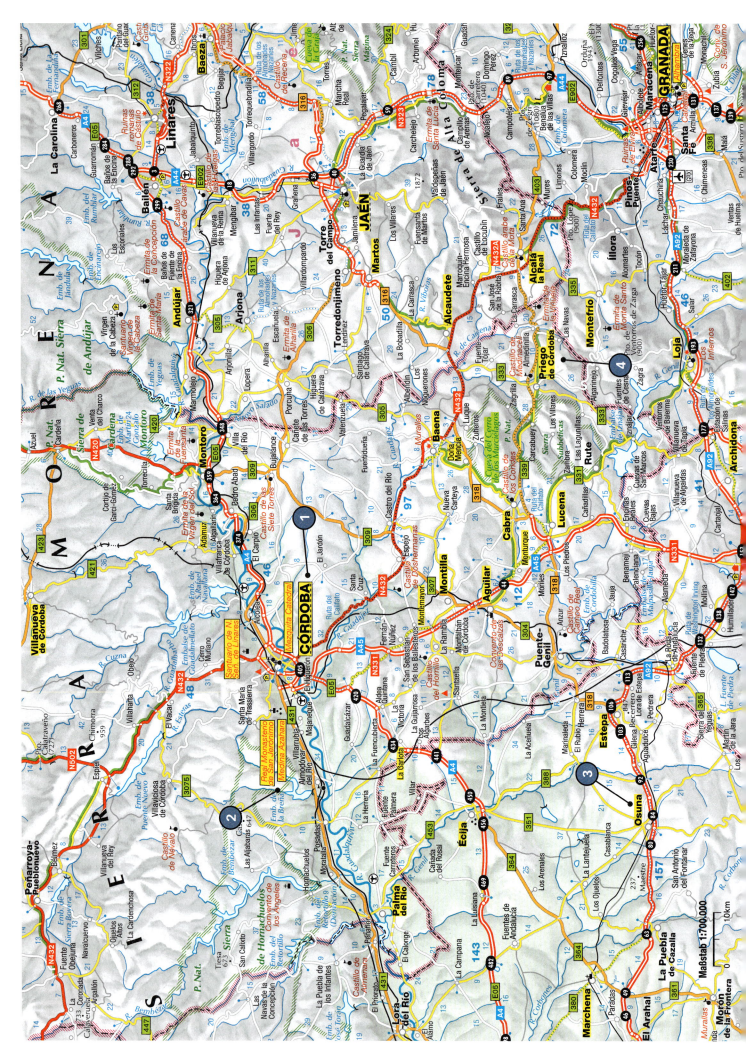

INFOS & EMPFEHLUNGEN CÓRDOBA UND UMGEBUNG

Säulenpracht in einer abwechslungsreichen Landschaft

Ein Säulenwald in Rot und Weiß empfängt den Besucher im Innenraum der Mezquita. Im ruhigen Hinterland von Córdoba erwarten den Reisenden die Ruinen der riesigen Palastanlage Medina Azahara. Die Sierra Subbética im Süden überrascht mit schöner Natur und malerischen Orten.

❶ Córdoba

Die heute 328 000 Einwohner zählende Stadt hatte ihre Blüte vom 9. bis 13. Jh. Doch die von den Römern gegründete Stadt am Fluss Guadalquivir ist noch voller Schönheiten.

MEZQUITA CATEDRAL

785 gab Abd ar-Rahman I. den Auftrag zum Bau einer Moschee. Bis dahin hatten sich die neuen Herrscher der Stadt in einer westgotischen Kirche versammelt, die sie gemeinsam mit den arianischen Christen nutzten. Es wurde zum Teil auf den Fundamenten dieses Gotteshauses, das wiederum an der Stelle eines römischen Janus-Tempels stand, mit dem Bau der **Mezquita** **TOPZIEL** begonnen. Deren älteste Teile sind der Orangenhof und, wenn man von dort aus auf die Moschee schaut, der rechte Gebäudeteil. Dieser wurde bis 851 unter Abd ar-Rahman II. ergänzt und 976 in Richtung Fluss erweitert. Der Kriegsherr Almansur ergänzte den Bau bis 987 noch einmal beträchtlich, sodass seine Grundfläche heute ca. 180 mal 134 m misst. Ein Palmenhain aus Marmor und Jaspis sind die 850 Säulen in der Mezquita mit ihren Doppel- und Fächerbögen. Das Freitagsgebet der Muslime ist nach Osten, in Richtung Mekka ausgerichtet. Dies wird auch durch die Gebetsnische, den Mihrab, markiert. Diese Mezquita ist nach Damaskus ausgerichtet. Der **Mihrab nuevo,** der zusammen mit dem Gebetsraum des Kalifen, der **Maksûra,** entstand, ist aufwendig gestaltet. Reich ornamentierte Vielpassbögen trennen den Bereich ab. Hervorzuheben sind auch die Portale des Tempels, etwa die **Puerta de San Esteban** in der Mitte der Westseite. Die **Puerta del Perdón** (Tor der Vergebung) führt neben dem 93 m hohen Glockenturm (Campanario) zum **Patio de los Naranjos,** dem Orangenhof, und ist der heutige Haupteingang zur Mezquita Catedral (www.catedraldecordoba.es; Mo.–So.).

Nach der Rückeroberung Córdobas 1236 durch die Christen musste zunächst die **Capilla Villaviciosa** (14. Jh.) ausreichen, um die neuen Machtverhältnisse zu dokumentieren. Erst 1523 wurde beschlossen, dem muslimischen Tempel ein christliches Herz in Form einer Kathedrale einzupflanzen. Auf einer von ehemals 63 Säulen bestandenen Fläche spannt sich die einschiffige Kirche, die 1600 weitgehend fertiggestellt war. Ab 1664 war der Umbau des Minaretts in einen christlichen Glockenturm, den **Torre de Alminar,** abgeschlossen.

NAHE DER MEZQUITA

An der Westseite der Mezquita steht das prächtige **Hospital Mayor de San Sebastián** (16. Jh.; heute Kongresszentrum), direkt daneben der ehem. **Bischofspalast** (Diözesanmuseum, derzeit geschlossen). Das Hospital besitzt einen Kreuzgang im Mudéjar- sowie eine Kapelle im Flamboyantstil. Richtung Guadalquivir passiert man die **Triumphsäule** des San Rafael aus dem 18. Jh. Das etwas gedrungene Triumphtor **Puerta del Puente** wurde im 16. Jh. zu Ehren Philipps II. erbaut.

Der **Puente Romano** (1. Jh. v. Chr.) spannt sich über die trüben Wasser des Guadalquivir, den

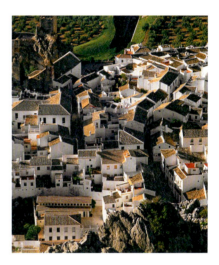

Südöstlich von Córdoba ist die Sierra Subbética mit Dörfern wie Zuheros einen Abstecher wert.

die Römer Betis nannten. Auf der anderen Flussseite bewacht die **Torre de la Calahorra** den Brückenzugang. Der Vorgänger des im 14. Jh. errichteten Turms war Teil einer arabischen Festungsanlage.

Südwestlich der Mezquita befindet sich der **Alcázar de los Reyes Cristianos.** Die Festungsanlage ist so alt wie die Stadt selbst. Neben Spuren der arabischen Vergangenheit finden sich auch Reste aus römischer und westgotischer Zeit. Die jetzige Gestalt geht v. a. auf das 13. Jh. zurück. Als Residenz der Katholischen Könige war sie von Bedeutung. Neben römischen Mosaiken, die bei Arbeiten an der **Plaza Corredera** entdeckt wurden, sind ein römischer Sarkophag, Patios und die **Gärten** bemerkenswert (Di.–So.).

Die **Judería,** das jüdische Viertel, grenzt nördlich an die Mezquita an. Hier lässt sich die Struktur der einstigen arabischen Medina wiedererkennen, des ältesten Siedlungsgebiets der Stadt. Außer den beiden Synagogen von Toledo hat sich in Spanien nur die **Sinagoga** von Córdoba als jüdischer Tempel erhalten. Der quadratische Zentralraum wurde im 14. Jh. erbaut. Der verzierte Wandschmuck im Mudéjarstil ist weitgehend erhalten (Judíos, o. N.).

In der Frühe

Das Innere der Mezquita ist ein architektonisches Wunder an Rhythmus und Maß im Raum. Frühaufsteher haben es besonders gut: In Verbindung mit dem diffusen Licht entsteht eine einzigartige Atmosphäre, die wochentags von 8.30 bis 9.30 Uhr **bei freiem Eintritt** erlebbar ist.

INFOS & EMPFEHLUNGEN

OSTTEIL DER ALTSTADT
Schöne Plätze sind die **Plaza del Potro** und die rechteckige **Plaza de la Corredera,** die dem kastilischen Beispiel einer Plaza Mayor folgt. Blumen, Kerzen und Opfergaben finden sich das ganze Jahr über am Fuß des Cristo de las Farolas (1794) auf der **Plaza de los Dolores**. Einige Gassen weiter östlich stößt man auf den **Palacio de los Marqueses de Viana,** einen Renaissancebau, der mit 13 Patios und über 180 Räumen punkten kann wie auch mit Keramiken, Gemälden und historischem Kunsthandwerk (Di.–So. ab 10.00 Uhr). Gegenüber dem Rathaus und nördlich der Plaza de la Corredera befindet sich die **Iglesia San Pablo** (13. und 14. Jh.). Sie wurde wahrscheinlich aus Steinen eines Almohaden-Palastes erbaut, der sich an gleicher Stelle befunden hatte.

MUSEEN
In einem Renaissancepalast ist die bedeutende Sammlung des **Museo Arqueológico** mit Funden aus frühgeschichtlicher Zeit bis etwa zum 14. Jh. untergebracht (Plaza Jerónimo Páez, Di. bis So. 9.00–15.30 Uhr). Die Gemäldesammlung des **Museo de Bellas Artes** östlich davon zeigt einige schöne Arbeiten von Valdés Leal, Zurbarán und Murillo. In einem Nebenflügel befindet sich das **Museo Julio Romero Torres**, das dem Leben des aus Córdoba stammenden Künstlers (1874–1930) gewidmet ist (derzeit geschl.). Das kleine Multivisions-Museum **Museo vivo de Al-Andaluz** im Calahorra-Turm (s. o.) erzählt vom Zusammenleben der drei Kulturen von al-Andalus, dem Islam, Judentum und Christentum (Di.–So. 10.00 Uhr).

VERANSTALTUNGEN
Die **Semana Santa** (Karwoche) wird mit Prozessionen der insgesamt 37 Bruderschaften begangen. Von der Schönheit der Innenhöfe kann man sich im Mai während des **Festival de los Patios** überzeugen. Ende Mai findet das Stadtfest, die **Feria,** statt.
Die **Noches de Embrujo** kommen mit Flamenco, Tanz, Musik und Theater während der Sommermonate an ausgewählte historische Orte.

HOTELS
Am Rand der Altstadt liegt das € € € € **Hospes Palacio del Bailío** mit stimmungsvollen Patios (Ramírez de las Casas Deza 10–12, www.hospes.com). Die € / € € **Casa de los Naranjos** ist ein typisch andalusisches Haus (C/ Isabel Losa 8, www.casadelosnaranjos.com).

RESTAURANT
Eine der Topadressen in der Altstadt ist das **Almudaina:** dezent kreative Marktküche, im schönen Innenhof des historischen Palastes serviert (gegenüber dem Alcázar, Campo Santo, Tel. 95 7 47 43 42).

EINKAUFEN
Córdoba ist berühmt für seine **Ledererzeugnisse, handgefertigten Keramiken** und getriebenen **Silberarbeiten**. Empfehlenswert ist ein Besuch im Zoco de Artesanía, dem Souk der **Kunsthandwerker** gegenüber der Synagoge in der Calle Judíos.

UMGEBUNG
Am Berghang der **Sierra Morena** liegen **Las Ermitas** (6 km nördl.), 13 Einsiedeleien und eine Kapelle. Im frühen 18. Jh. waren einige fromme Männer hierher in die Einsamkeit der Berge gezogen. Ausblick und die schöne Natur lohnen einen Besuch. Im Innern der Burg von **Almodóvar del Río** (30 km westl.) findet sich eine Art Mittelalter-Museum (tgl. 10.00–15.00 Uhr).

INFORMATION
Oficina de Turismo,
C/ Torrijos 10, 14003 Córdoba,
Tel. 95 7 35 51 79 und 902 20 17 74.
Weitere am Bahnhof, auf der Plaza de las Tendillas und vor dem Alcázar.
www.cordobaturismo.es

Beste Olivenöle bekommt man direkt in der Ölmühle, zum Beispiel in Baena, das südöstlich der Stadt Córdoba (re.) liegt.

② Medina Azahara

Die strenggläubigen Berberstämme der Almohaden und Almoraviden verwüsteten 1010 den unter Abd ar-Rahman III. erbauten Palast. Viele Jahrhunderte galten die Trümmer vor der Stadt nur als „Córdoba la vieja", das alte Córdoba, bis 1911 Teile der einstigen Palaststadt der Kalifen von Córdoba ausgegraben wurden.

SEHENSWERT
Insgesamt wurde etwa 25 Jahre an der **Palaststadt** gebaut. Besser erhalten als die Wohnbereiche und andere Gebäude bzw. wiederaufgebaut ist die **„Obere Basilika"**. Ihre typischen Hufeisenbögen finden sich ebenso an den Resten eines Säulengangs wie beim „Saal Abd ar-Rahmans III.". Fünf dieser prachtvoll gestalteten Bögen führen über einen Vorraum in den dreischiffigen Hauptraum. Spannend sind auch die **Gartenanlagen** und die Fundamente der nach Mekka ausgerichteten **Moschee** sowie Wandbruchstücke mit filigraner Ornamentik (www.museosdeandalucia.es, Di.–Sa. 9.00 bis 15.30/17.30/19.30, So. bis 15.30 Uhr). Zu dem neuen **Museumskomplex** der Ausgrabungsanlage gelangt man ab Córdoba (s. S. 75).

INFORMATION
siehe Córdoba

③ Osuna

Die Kleinstadt am Rand der heißen Guadalquivir-Senke überrascht mit Palästen, die vom Reichtum des einstigen Adels zeugen.

SEHENSWERT
Schon von Weitem ist die **Colegiata,** die Hauptkirche, über der Stadt sichtbar. Der wehrhaft anmutende Bau ist mit bedeutenden Kunstwerken des Barock bestückt. Ebenfalls auf dem Bergplateau befindet sich die 1548 gegründete **Universität**. Die sehenswertesten **Paläste** des wohlhabenden Herzogsgeschlechts der Osuna sind der des Marqués de la Gomera und der Palacio de los Cepada.

MUSEEN
Die Colegiata-Kirche beherbergt das **Museum für sakrale Kunst** mit Arbeiten von Juan de Mera und José de Ribera und das Pantheon der Herzöge von Osuna. Das liturgischem Gerät, Gemälden und Plastiken gewidmete **Museum Monasterio de la Encarnación** gegenüber lohnt einen Besuch schon wegen des barocken Klosterbaus.

»Von der Schönheit der Innenhöfe kann man sich in Córdoba jährlich im Frühjahr beim Festival de los Patios überzeugen.«

HOTEL

Der € **Palacio del Marqués de la Gomera** ist einer der schönsten Stadtpaläste (C/ San Pedro 20, www.hotelpalaciodelmarques.es).

INFORMATION

Oficina de Turismo, Carrera 82 (Antiguo Hospital), 41640 Osuna, Tel. 95 4 81 57 32, www.osuna.es

❹ Priego de Córdoba / Sierra Subbética

Der Naturpark Sierra Subbética ist ein wenig besuchtes Kleinod inmitten Andalusiens. An seinem Rand thront Priego de Córdoba auf einem Felsplateau. In die Landschaft eingebettet sind sehenswerte Orte wie Lucena, Cabra, Almedinilla und Zuheros.

SEHENSWERT

Kaum zwei Personen kommen in den schmalen Gassen des **Barrio de la Villa** aneinander vorbei. Die blumengeschmückten Häuser des ehemals maurischen Stadtteils schließen sich östlich an das **Castillo** (9.–10. Jh.) an. Die **Iglesia Nuestra Señora de la Asunción** gegenüber der Burg gilt als prächtigste Barockkirche der Stadt. Das Sagrario (1784), eine oktogonal angelegte Kapelle mit reicher Stuckverzierung, ist ein Meisterwerk des Rokoko. Die **Barockkirchen** Iglesia de la Aurora, Iglesia del Carmen, Iglesia de las Angustias und die **Kirche des Hospital de San Juan de Dios** (18. Jh.) mit schöner Kuppel befinden sich im Bereich der Altstadt. Vom **Balcón del Adarve** am Rand des Barrio de la Villa überblickt man die Landschaft mit ihren Kalkfelsen und Olivenbaumhainen. Am Südwestrand der Altstadt strömt Wasser in die marmorne Brunnenanlage Fuente del Rey (1803).

MUSEEN

Der Regionalgeschichte widmet sich das **Museo Histórico Municipal** (C/ de las Monjas 19). Ein Stück weiter (Hausnr. 16) ist das **Casa Museo** des Malers und Illustrators Adolfo Lozano Sidro. In der C/ Rio 33 wurde **Niceto Alcalá Zamora y Torres** geboren, der Präsident der 2. Republik (teilweise original als Museum).

EINKAUFEN

Typisches **Gebäck** der Region stellt Sabores in der Calle San Marcos 42 nach traditionellen Rezepten her. **Olivenöle** bekommt man zum Beispiel bei Manuel Montes Marín an der Landstraße Priego – Las Lagunillas, km 27, oder in Baena (rd. 40 km nördl. von Priego de C.) bei Nuñez del Prado, dessen ökologisches „Flor del Aceite" ein herrlich mild-fruchtiges Aroma besitzt.

INFORMATION

Oficina de Turismo,
Plaza de la Constitución 3,
14800 Priego de Córdoba, Tel. 95 7 70 06 25,
www.turismodepriego.com

Genießen · Erleben · **Erfahren**

Radtour zwischen Berg und Olive

DuMont Aktiv

Die Sierra Subbética mit ihrer Bergwelt und den weiten Olivenbaumplantagen gehört zu den weniger bekannten Naturräumen Andalusiens. Um die offene Landschaft und einige ihrer schönen Dörfer kennenzulernen, eignet sich das Fahrrad besonders gut.

An der Nordwestflanke des Lobatejo, des höchsten Bergs der Sierra de Cabra, führt die Vía Verde de Subbética entlang. Wie bei anderen „grünen Wegen" handelt es sich um eine ehemalige Bahntrasse, die zu einem Radweg ausgebaut wurde.

Aufs Bike und los! Die Vía Verde de la Subbética beginnt mit einer atemberaubenden Überquerung des Rio Guadajoz. Bis Luque, wo aus dem ehemaligen Bahnhof ein Restaurant wurde, sind es 10 km. Bei Zuheros geht es wieder über eine Brücke, diesmal über die Schlucht von Bailón. Den höchsten Punkt der Strecke erklimmt man bei km 20. Wirklich anstrengend ist das nicht, gemessen vom Start müssen nur 200 Höhenmeter bewältigt werden. Dennoch ist es gut zu wissen, dass es ab jetzt tendenziell nur noch bergab geht. Bei km 26, kurz vor Cabra, führt die Strecke durch einen Tunnel. Künftig werden Radwanderer sicher bei km 33 eine Rast einlegen. Die Arbeiten am Besucherzentrum Centro de Interpretación del Tren de Aceite sind fast abgeschlossen (Touristinfo im Bahnhof von Lucena).

Die Vía Verde de Subbética lässt sich auch mit der Vía Verde del Aceite in der Provinz Jaén kombinieren. Zusammen ergeben sich so 112 autofreie Kilometer.

Weitere Informationen

www.viasverdes.com: Download zur Strecke, Informationen zu Unterkunft, Video (span./engl.)

Fahrradverleih: Alte Bahnhofsstation Doña Mencía, an der Vía Verde de la Subbética, www.subbeticabikesfriends.com

Verlauf: Rio Guadajoz, Luque, Cabra, Lucena, Navas del Selpillar. Auch für Wanderer, Reiter und Rollstuhlfahrer geeignet.

Länge: 65 km

Allgemein: 27 Routen in Andalusien führen über insgesamt 528 km. Tunnel sind in der Regel unbeleuchtet.

CÁDIZ UND UMGEBUNG
80 – 81

Weite am Atlantik

Hinter der Meerenge von Gibraltar beginnt eine andere Welt. Die Atlantikküste Andalusiens ist oft weit und windig und von einem gleißenden Licht erfüllt. Es ist das ideale Klima für den Vino de Jerez, der im Sherrydreieck bei Cádiz und Jerez de la Frontera wächst. Das Hinterland wartet mit den schönsten „pueblos blancos" des Südens auf.

Kilometerlang sind Andalusiens Strände an der Atlantikküste, etwa in Chipiona – auch Buchten können dem Wind kaum Einhalt gebieten.

Von den achteckigen Doppeltürmen der Kathedrale aus tragen die Glocken ihren Klang über die weiße Stadt Cádiz.

Eine außen goldene Kuppel überfängt die Vierung
der Kathedrale von Cádiz.

Man kommt gerne in die Hafenstadt Cádiz, um durch die Straßen zu bummeln.

Nahezu greifbar ist die afrikanische Küste in Tarifa.

Verfassung

Viva la Pepa

Special

Am 19. März 1812 wurde in Cádiz die erste spanische Verfassung verabschiedet. Nach Jahren des Unabhängigkeitskriegs gegen Napoleon und der schwachen Rolle des Königshauses nutzten liberale Kräfte die Gunst der Stunde. Auch wenn „La Pepa", wie die Verfassung bald genannt wird, kurz danach wieder außer Kraft gesetzt wurde – mit ihr beginnt das moderne Spanien.

Die Cortes von Cádiz, die Ständeverfassung, übte in den Kriegsjahren die Funktion einer Art Exilregierung aus. Die liberalen Kräfte des Landes arbeiteten ab 1810 eine Verfassung aus, die Spanien zu einer konstitutionellen Monarchie machen sollte. Gewaltenteilung, Abschaffung der Inquisition und Beschränkung der Macht des Klerus waren einige Eckpunkte der fortschrittlichen Verfassung.

Nach dem Sieg über die Franzosen kehrte Ferdinand VII., „der Ersehnte", zurück und erkannte als neuer König von Spanien die neue Staatsform an. Wie sich bald herausstellte, war das Wort des Monarchen nicht viel wert. Sobald er wieder sicher im Sattel der Macht saß, setzte er 1814 die Verfassung außer Kraft. Das schwarze Spanien lebte auf, die heilige Inquisition machte sich wieder an den Überzeugungen und den Vermögen Andersgläubiger zu schaffen, während das Militär sich um die Andersdenkenden und Aufständischen „kümmerte". Doch die Geschichte um die Verfassung, die nach dem Tag des heiligen Josef ihren Namen trägt, geht weiter: 1820 kommt es in Cádiz zur Revolte. Die Verfassung soll wieder eingesetzt werden, und erneut stimmt Ferdinand VII. zu. Und wieder bricht er sein Wort, als er mithilfe des inzwischen wieder absolutistisch geführten Frankreichs die aufgeklärten Kräfte unterdrücken kann. Doch mit seiner rückwärtsgewandten Politik verliert Spanien weiter an Einfluss.

Auch Städte und ihre Bewohner haben ihre Eigenheiten. Zum Beispiel bringt man in Cádiz die urspanische Karwoche mit den Prozessionen eher wie eine Pflichtübung hinter sich. Vielleicht liegt es daran, dass man sich ein wenig unabhängiger und aufgeschlossener fühlt als im übrigen Südspanien. In der Hafenstadt ist man es gewohnt, dass das Meer immer für eine Überraschung gut ist. Neuartige Ideen und Bräuche etwa kamen wie blinde Passagiere aus den Bäuchen der Handelsschiffe, zusammen mit den exotischen Waren aus der fernen Welt.

Eines dieser Importgüter war der Karneval. Wahrscheinlich kam er aus Genua und Venedig, blieb, schiffte sich ein nach Übersee und kam von dort noch bunter und fantastischer zurück. Jedes Jahr im Februar feiern die „gaitanos", die Bewohner von Cádiz, ein ausgelassenes Durcheinander, bei dem sich die Einflüsse Venedigs, Lateinamerikas und Spaniens überlagern.

Der Tag erwacht

Wie die meisten Städte hat Cádiz nicht nur unterschiedliche Gesichter, die es mit dem Kalender an- und ablegt. Auch mit dem Ablauf des Tages ändert sich die Atmosphäre. Wunderbar ist es am Morgen, wenn die Stadt erwacht. Man

An den weiten Stränden bei Vejer de la Frontera ist selbst in der Hauptsaison noch genügend Platz, so auch bei Los Caños de Meca.

Der Brunnen in Vejer de la Frontera leuchtet durch die intensiven Farben der Azulejos.

Weiß beherrscht das „pueblo blanco" Vejer de la Frontera.

Startklar, um auf den Wellen zu reiten: Westlich von Tarifa gibt es wohl die besten Reviere für Wind- und Kitesurfer.

Wohlwollend wacht die Sonne über die an drei Seiten vom Meer umgebene Stadt.

setzt sich an einen Tisch, der eben vom Morgenlicht berührt wird, und kurbelt den Tag mit einem „café con leche" an. An der Plaza Topete richten die Blumenhändler ihre bunten Auslagen, vor den Kiosken stapeln sich Tageszeitungen, und immer wieder sieht man einen Lieferanten, der mit einer voll beladenen Sackkarre durch die Gassen eilt. Wohlwollend und allmächtig wacht die Sonne über dieses Schauspiel des Alltags einer Stadt, die an drei Seiten vom Meer umgeben ist.

Küste ohne Beton

Die einzelnen Regionen Andalusiens unterscheiden sich deutlich voneinander.

Doch auch etwa eine Küste wie die Costa de la Luz, die von der Meerenge bis zur portugiesischen Grenze reicht, zeigt allein zwischen Cádiz und Tarifa vielfältige Landschaften. Das Schönste daran: mit Ausnahme der Ferienhausareale bei Conil besteht der Küstenabschnitt noch aus intakter und unbebauter Natur.

Ein Ort wie Bolonia wäre an der Costa del Sol schlicht unvorstellbar. Aber auch hier an der wildromantischen Südspitze glaubt man kaum, was sich da am weiten Sandstrand des ehemaligen Hippiedorfes abspielt. Mensch und Tier, genauer gesagt, Mensch und Kuh teilen sich den feinsandigen Grund. Neben dem Minidorf, das vor wenigen Jahren noch keine

Zum Reinbeißen: Tapas kunstvoll mit Krabben ...

... oder in schlichterer Form im Gallo Azul in Jerez de la Frontera. Lecker!
Und die Theke bereitet schon auf die nächste Qual der Wahl vor ...

befestigten Wege hatte, gibt es an der Nordseite der Bucht eine weitere Siedlung. Zwar ist sie seit 1500 Jahren nicht mehr bewohnt, doch betrachtet man die Reste des römischen Baelo Claudia, ist eine vergleichbare, wenn nicht sogar bessere Infrastruktur als beim Nachbarn erkennbar. Fischfabrik, Therme, Händlergasse, fließendes Wasser, Amphitheater, Tempel: Selbst in der fernen Provinz mussten die Römer auf nichts verzichten – nicht einmal auf Straßen.

Treffpunkt Tarifa
Der Himmel über den kilometerlangen Stränden westlich von Tarifa ist voller Segeldrachen. Die zeitgemäße Kombination, um sich mehr fliegend als fahrend auf dem Wasser zu bewegen, besteht aus einem Lenkdrachen, dem Kite, und einem kurzen Brett, das man an die Füße schnallt. Beides zusammen ist die Grundausstattung der Kitesurfer oder Kiteboarder.

Marco Palatini kennt die Trends, die die Szene bewegen. Vor einigen Jahren hat sich der gebürtige Wiesbadener an Spaniens südlichstem Punkt niedergelassen. Zusammen mit seiner Lebenspartnerin kaufte er von der spanischen Popsängerin Ana Torroja das Hotel Misiana, eine derzeit angesagte Adresse. „Tarifa ist den anderen spanischen Städten immer einen Schritt voraus gewesen",

Hier kann man ungestört, ohne Schickimicki-Gehabe entspannen.

erklärt der rührige Hotelmanager. „Die Gäste aus der ganzen Welt bringen ihre Ideen und ihren Stil mit." Das Grundgefühl im einstigen Seeräubernest nennt er „relaxed". Bekannte Schauspieler und Musiker kommen gerne in den Ort, weil sie hier ungestört entspannen können, ohne Schickimicki-Gehabe wie etwa in Marbella.

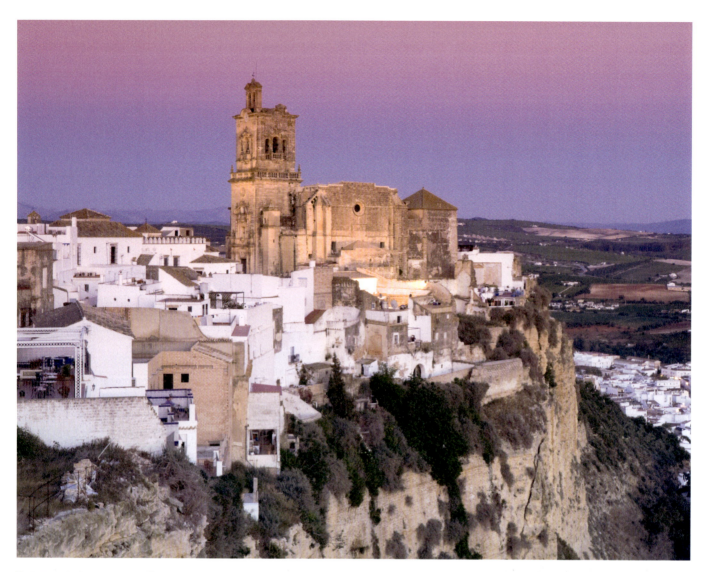

All die weißen Dörfer in diesem Gebiet – ob Arcos de la Frontera am Felsrand (ganz oben), Castellar de la Frontera mit seinen Gassen (oben), ob Grazalema mit seinem herben Charme (rechts) – vermögen noch die arabischen Einflüsse in ihrer Architektur zu vermitteln.

Königliche Reitschule

Anmut auf vier Hufen

Special

Dressurshow in der Hohen Reitschule von Jerez de la Frontera

Richard Löwenherz soll eins gehabt haben und Friedrich der Große ebenso. Sogar zu Zeiten des gefürchteten Caligula im ersten Jahrhundert n. Chr. ritt der römische Kaiser auf dem Rücken eines spanischen Pferdes.

Ab dem 15. Jahrhundert wurden in Klöstern und Adelsgestüten jene edlen Tiere gezüchtet, die heute noch für ihre Eignung für die „Hohe Schule" bekannt sind. So bezeichnet man die Dressur mit höchsten Anforderungsgraden im Vokabular der klassischen Reitkunst.

Man gibt sich ganz traditionsbewusst im Gestüt von Jerez.

In der Geschichte der spanischen Pferdezucht spielen Jerez de la Frontera und die Mönche des im Jahre 1476 gegründeten Klosters La Cartuja eine wichtige Rolle. Dort wurde der Fortbestand der reinen Rasse bis ins 19. Jahrhundert garantiert.

Wo heute von einem Cartujano die Rede ist, handelt es sich um ein Pferd, das in direkter Linie auf jenes berühmte Gestüt zurückgeht. Es gehört der Reinen Spanischen Rasse an, der „pura rassa española". Der Name Andalusier ist nur ein Sammelbegriff.

Pferdeliebhaber pilgern in die Real Escuela Andaluza del Arte Ecuestre, ca. 90 km südlich von Sevilla. Die 1973 gegründete Königlich-Andalusische Reitschule hat sich mit kunstvollen Dressurshows internationalen Ruhm erworben. Eine Ausbildung an der Schule erfolgt in verschiedenen Disziplinen und dauert je nach Training zwischen zwei und vier Jahren.

Das Areal umfasst Stallungen und Koppeln für die edlen Tiere, deren Darbietungen in der Regel ein- bis dreimal pro Woche auf dem Gestüt zu bewundern sind.

Trends und Traditionen

Während man in Tarifa die Trends der globalisierten Freizeitwelt unverkrampft aufnimmt, schätzt man andernorts eher die Traditionen. So gibt es in Andalusien wohl keinen Ort, der das folkloristische Amalgam aus Sherry, Pferden und Flamenco mehr verkörpert als Jerez de la Frontera: die Königliche Reitschule, die Féria de Caballo, das Stadtfest von Jerez, und natürlich der Weinbau, der seit der Antike auf den kalkhaltigen Albariza-Böden betrieben wird.

Nimmt man noch das Flamenco-Festival hinzu und die Tatsache, dass auch Jerez eine der Wiegen dieser leidenschaftlichen Kunst ist, verwundert es nicht, dass der Blick eher in Richtung Vergangenheit gerichtet ist.

Wandel im Tourismus

Bei einer Stadt wie Jerez ist das natürlich. Unangenehm wird es nur, wenn man für die Touristen eine seichte Folklore strickt, die das typisch Andalusische als liebenswerte Rückständigkeit vermittelt. Andalusien aber ist keineswegs rückständig. Die häufig anzutreffende Überheblichkeit, im Norden Europas lebe man gesünder, umwelt- und politikbewusster, ist heute nicht mehr angebracht. Das Bewusstsein für Umwelt- und Naturschutz hat sich im letzten Jahrzehnt deutlich entwickelt.

Von staatlicher Seite wurden weit gefasste Schutzgebiete ausgewiesen. Fast jedes der großartigen Gebirge Südspaniens ist zumindest theoretisch vor urbanistischem Wildwuchs oder anderen Gefahren geschützt. Gleichwohl sind die Naturräume Andalusiens beständig bedroht. Korruption und Spekulation in der Baubranche und ausufernde Monokulturen können das labile Gleichgewicht stört. Der Massentourismus tut sein Übriges. Daher ist es wichtig und selbstverständlich, dass Reisende und Touristen sich bewusst machen, dass sie keine Zuschauer, sondern Teil eines komplexen Systems sind, das durch ihr eigenes Verhalten beeinflusst wird.

DUMONT THEMA

SHERRY

Der Wein des Südens

Nur die Weine aus dem Dreieck Jerez de la Frontera, El Puerto de Santa María und Sanlúcar de Barrameda dürfen sich Sherry nennen. In all seinen Nuancen, ob dunkel oder hell, wird er exportiert.

Schon um 1000 v. Chr. sollen die Phönizier in der Region von Cádiz Reben gepflanzt haben. Exportiert wurde der Wein bereits im Mittelalter, doch richtig bekannt wurde der Vino de Jerez – der Wein aus Sherish, wie die Mauren die Stadt nannten – erst, als die Engländer ihn kurzerhand zum Sherry machten.

Die Entdeckung

Im Nachhinein war es beinahe ein Glück oder, nach heutigen Maßstäben, ein gelungener Marketingcoup. Im 16. Jahrhundert, als die Piraterie noch eine Art halbstaatliches Geschäft war, segelte Sir Francis Drake, der „Pirat der sieben Meere", im Auftrag der britischen Krone nach Spanien. Er sollte die Häfen Cádiz und La Coruña zerstören, um so den Bau der spanischen Armada zu verzögern. Nebenbei erbeutete er 2900 Fässer mit bestem Jerez-Wein. Da einige der 500-Liter-Fässer auch am englischen Königshof landeten und dort für gut befunden wurden, verwundert es nicht, dass die Nachfrage nach dem Wein Andalusiens sprunghaft anstieg und dieser mit einem Mal bekannt war.

Die Frage der Haltbarkeit

In der Frühphase des Exports wurde der junge Wein aufgesprittet, damit er den langen Transport überstand. Vom Sherrywein, wie man ihn heute kennt, lässt sich erst ab dem 18. Jahrhundert sprechen. Damals wurde das Solera-System entwickelt, damit Weine über längere Zeiträume gelagert und in gleichbleibender Qualität bereitgestellt werden konnten.

Das Solera-System

Beim Solera-Verfahren, das auch beim Brandy genutzt wird, werden die typischen Sherry-Fässer, die 500 Liter fassenden „butts" oder „botas", in mehreren Reihen übereinandergelagert. Abgefüllt wird immer nur aus den Fässern der untersten Reihe am Boden, woraus sich auch der Name ableitet (span. Fußboden: „suelo"). Üblicherweise wird bis zu einem Drittel Wein entnommen und die Menge mit dem jüngeren Wein aus der darüberliegenden Reihe ergänzt, die wiederum mit dem Wein aus höheren Reihen aufgefüllt wird. Der junge Wein der hellen Palomino-Traube wird in die obersten Fässer gefüllt.

Das Solera-System und das Reifen in den nur lose verschlossenen Fässern gibt den charakteristischen Geschmack des Sherrys, denn durch den Luftkontakt entsteht auf der Oberfläche des neuen Weins eine schützende Florhefeschicht. Die Reifezeit und die Intensität des Luftkontakts lassen die unterschiedlichen Sherry-Sorten entstehen.

Übrigens handelt es sich bei Sherry-Weinen, die nach der Süße

Auch das Aroma gibt Aufschluss über die Qualität eines Sherrys. Palomino ist eine der Traubensorten, die für Sherry verwendet werden.

Von den Etiketten der Sherry-Flaschen nur allzu bekannt: die Silhouette eines Stiers

Aus Reifezeit und Intensität des Luftkontakts bilden sich die Unterschiede heraus.

Sherry eignet sich je nach Sorte als Aperitif oder Digestif, als Begleiter von Tapas oder, wie der spritzige Manzanilla, von Fisch und Meeresfrüchten.

mit Dry/Medium oder Sweet etikettiert wurden, um Sorten, die man nur für den Export entwickelt hat.

Ein Exportschlager von jeher

Nur die Weine aus dem Anbaugebiet bei Jerez de la Frontera im Südwesten Andalusiens dürfen sich Sherry nennen. Der dem trockenen, strohgelben Fino vergleichbare Manzanilla-Wein kommt ausschließlich aus Sanlúcar de Barrameda. Die besten Bedingungen findet die Palomino-Traube nördlich von Jerez in den Lagen Carrascal, Macharnudo und Balbaina und ihren kalk- und lehmhaltigen Böden.

Jerez hat dem Sherry nicht nur seinen Namen gegeben, es ist auch das unangefochtene Weinzentrum. In der Größe ganzer Stadtviertel finden sich in und um die Stadt die Bodegas der Sherry-Barone und Sherry-Konzerne. Die Fässer der Solera-Reihen lagern nicht in Kellern, sondern zu Zehntausenden in riesigen Lagerhallen, die schon oft als Kathedralen beschrieben wurden und unbedingt einen Besuch wert sind (s. S. 96). Auf den Besichtigungstouren ist viel über die Sherry-Produktion zu erfahren.

Britische Bezüge -

Es war ein Beutezug mit Folgen, 1587, als der englische Vizeadmiral und Freibeuter Cádiz heimsuchte. Trotz der Niederlage der Spanier in Cádiz und ein Jahr später beim Debakel der Spanischen Armada – für den Wein aus Jerez war es ein großer Sprung nach vorne. Sherry ist nach wie vor ein Exportprodukt. Die Hauptabnehmer sind noch immer die Briten.

Brandys aus Jerez

In den Bodegas von Jerez de la Frontera, Puerto de Santa María und Sanlúcar reifen auch fabelhafte Brandys. Spanien ist der größte Weinbrandhersteller der Welt und kann dabei auf eine lange Geschichte zurückblicken. Der Großteil wird in der Region um Jerez produziert.

Fakten & Informationen

Sherry-Sorten
Fino: strohgelb, trocken, guter Begleiter für leichte Tapas oder als Aperitif
Manzanilla: hell, strohgelb, sehr trocken, spritziger, leicht salziger Geschmack
Amontillado: bernsteinfarben, trocken, leicht pikantes Aroma mit kräftiger Nusswürze
Oloroso: dunkel, mild, mit vollem Körper
Medium: hell bis dunkel, zwischen süß und trocken
Cream/Amoroso: rubin- bis dunkelrot, dicht im Geschmack
Pedro Ximénez: dunkel, mahagonifarben, sehr süß
Palo Cortado: heller als ein Oloroso, volles Aroma

Die Weine für den Sherry reifen teils mehrere Jahre lang unter einer Florschicht, der Amontillado erhält später durch den Luftkontakt seinen charakteristischen Farbton. Der Fino lagert in Eichenfässern, die nur zu vier Fünfteln gefüllt sind.

Aus der Stadt des Lichts in die weißen Dörfer

Cádiz, die Stadt zwischen Land und Meer, die Sherry-Bodegas in der Region, die stürmische und weite Costa de la Luz und die Sierra mit ihren „pueblos blancos", den weißen Dörfern – der Poniente, die Südspitze Andalusiens, bietet den perfekten Mix aus Genuss, Kultur und Natur.

❶ Cádiz

Die Stadt des Lichts und der Türme verzaubert mit ihrem ungewöhnlichen Charme. Die lebendige Altstadt ist bis auf die Zufahrt durch die Neustadt vom Meer umgeben. Es ist eher der Gesamteindruck, der Cádiz sehenswert macht.

GESCHICHTE

Cádiz blickt auf eine 3000-jährige Geschichte zurück und ist die älteste Stadt Europas. 1100 v. Chr. gründeten die Phönizier an der gut geschützten Bucht die Stadt Gadir. Aus dem römischen Gades wurde das maurische Qadis, das 1262 von Alfons X., dem Weisen, zurückerobert wurde. 1717–1768 wurde die Hafenstadt zum alleinigen Umschlagplatz für den Handel mit

Tipp

Fast wie in England

....

Was dem Deutschen seine Imbissbude, ist dem „gaitano", dem Bewohner von Cádiz, seine **freiduría**. Hier kauft man Fischfilets nach Gewicht und nimmt sie frisch frittiert in einer Papiertüte mit. Bei Entscheidungsschwierigkeiten empfiehlt sich ein „surtido", eine Auswahl unterschiedlicher Fischsorten. Beliebte Adressen sind die Freiduría Las Flores an der Plaza de Topete und die Freiduría Europa in der Calle Hospital Mujeres 21.

Lateinamerika. Die erste liberale Verfassung Spaniens wurde 1812 in den Cortes verabschiedet. Trotz wirtschaftlicher Probleme sind die Werften der Stadt (125 000 Einw.) heute noch immer wichtiger Arbeitgeber.

SEHENSWERT

Bei einem Spaziergang auf der befestigten Mauer am Atlantik entlang kommt man an den üppigen Parks **Alameda** und **Genovés** mit

Variantenreich: Front eines Badehauses am Strand La Caleta in Cádiz, Gärten des Alcázar von Jerez de la Frontera und die Küste.

hundertjährigem Baumbestand vorbei. Der **Stadtstrand La Caleta** mit dem historischen Badehaus wird von den Festungen **Castillo de Santa Catalina** (1598 Baubeginn) und **Castillo de San Sebastián** (18. Jh., im 19. Jh. erweitert) begrenzt. Schließlich gelangt man zur **Catedral,** mit deren Errichtung 1722 begonnen wurde. Fertiggestellt wurde der barock-klassizistische Bau erst 1838. In der Krypta ist der Komponist Manuel de Falla (1876–1946) beigesetzt (tgl.).
Nicht weit entfernt von der belebten Plaza de Topet lädt die große **Markthalle** (Mercado Central) zum Einkauf. Das barocke **Hospital de Mujeres** nordwestlich des Platzes lockt mit zwei Patios und einer aufwendig gestalteten Treppe. Zu Recht beliebt ist die **Torre Tavira** in der Nähe (östl.), an deren Spitze sich eine Camera Obscura befindet, die Bilder der Stadt auf eine Parabol-Leinwand projiziert (tgl. 10.00–18.00/20.00 Uhr). Das **Oratorio de Santa Cueva** nördlich prunkt mit drei Wandgemälden von Francisco de Goya (C/ Rosario, Di.–So.).

MUSEUM

Das **Museo de Cádiz** birgt Sarkophage und Werke spanischer Meister (Di.–So.; s. S. 45).

VERANSTALTUNGEN

Der **Karneval** (Febr./März) von Cádiz ist in ganz Spanien berühmt.

HOTEL

Romantisch ist es im € € **Hotel Argantonio** (C/ Argantonio 3, www.hotelargantonio.com).

UMGEBUNG

Im Norden der Bucht von Cádiz liegt die Sherrystadt **El Puerto de Santa María** (22 km nördl.) mit guten Fischlokalen.

INFORMATION

Oficina de Turismo,
Paseo de Canalejas, 11006 Cádiz,
Tel. 95 6 24 10 01, www.cadizturismo.com

INFOS & EMPFEHLUNGEN

❷ Jerez de la Frontera

Sherry-Bodegas, Pferdezucht und Flamenco – Jerez hat international Bekanntheit erlangt. Um den Weg ins Zentrum und wieder heraus zu finden, hilft ein guter Orientierungssinn.

SEHENSWERT
Innerhalb des im Süden der Stadt gelegenen **Alcázar,** der auf das 12. Jh. zurückgeht, sind Gärten, ein arabisches Bad, eine Moschee sowie der Palacio Villavicencio zu besichtigen. Der Palast (17. Jh.) beherbergt eine Camera Obscura (tgl. ab 9.30 Uhr). Etwas unterhalb wurde an der Stelle der alten Hauptmoschee die mächtige **Catedral** (17. Jh.) erbaut (Mo. bis Sa. 10.00–18.30 Uhr). An der schönen Plaza de la Asunción ist das alte Rathaus, **Antiguo Cabildo** (16. Jh.), gelegen. Die Festungskirche **San Juan de los Caballeros** nördlich ist eine Gründung von Alfons X., dem Weisen (1264).

MUSEEN
Der **Palacio del Tiempo** zeigt Uhren des 17. bis 19. Jh.s und informiert über die Weinherstellung in der Stadt (C/ Cervantes 3). Eine Privatsammlung spanischer Malerei des 15. bis 19. Jh.s vereint die **Colección Joaquín Rivero** (in: Bodegas Tradición, Plaza Cordobeses 3, www.bodegastradicion.es).

AKTIVITÄTEN
Wie die Weinspezialität **Sherry** entsteht, vermittelt eine **Besichtigungstour,** z. B. bei Pedro Domecq (San Ildefonso 3), Harveys (C/ Pintor Muñoz Cebrián, beide Tel. 95 6 15 15 00) oder Tio Pepe (Manuel María González 12, Tel. 95 6 35 70 00; jeweils vormittags nach Voranmeldung). Im **Centro Andaluz de Flamenco** erfährt man viel über den Flamenco. Flamencoschulen in der Stadt bieten Kurse für Touristen an.

ERLEBEN
Höhepunkt der **Real Escuela Andaluza del Arte Ecuestre,** der Königlichen Reitschule, ist die Dressurshow (Av. Duque de Abrantes, Tel. 95 6 31 80 08, Di. u. Do. 12.00 Uhr; Winter nur Do.). Besichtigung der Anlage Mo., Mi. und Fr. 10.00–14.00 Uhr (www.realescuela.org).

VERANSTALTUNGEN
Das **Festival del Flamenco** im Febr./März (www.festivaldejerez.es) ist eines der Topereignisse dieser Kunst. Zum **Großen Preis von Jerez** im Frühjahr finden sich jedes Jahr über hunderttausend Motorradfans ein. Im Mai das Stadtfest mit Pferdemarkt: **Féria de Caballo.**

UMGEBUNG
An der Mündung des Guadalquivir liegt **Sanlúcar de Barrameda** (25 km westl.). 9 km westlich davon lädt **Chipiona** zu Strandwanderungen.

INFORMATION
Oficina de Turismo, Plaza del Arenal, 11403 Jerez de la Frontera,
Tel. 95 6 33 88 74, www.turismojerez.com

Zahara de la Sierra mit seiner maurischen Burg könnte romantischer kaum sein.

❸ Vejer de la Frontera

Das Städtchen thront auf einem Berg nahe dem Trafalgar-Kap.

SEHENSWERT
Die **Plaza España** mit Caféterrassen und dem mit Azulejos geschmückten Brunnen ist ein andalusisches Idyll. Von hier aus steigt man hinauf in den ummauerten Altstadtkern. An der höchsten Stelle befindet sich ein **Castillo.** An der Kirche **San Salvador** sind die Bauphasen ab dem 14. Jh. deutlich zu erkennen.

HOTEL
Eine romantische, arabisch inspirierte Atmosphäre erfüllt die € € **Casa del Califa** (Plaza de España 16, www.lacasadelcalifa.com).

UMGEBUNG
In den Gassen des weißen Dorfs **Conil de la Frontera** (16 km westl.) kann es eng werden. Durch mittelalterliche Stadttore von **Medina Sidonia** (29 km nördl.) kommt man in den Altstadtkern, der zum Castillo und der Iglesia Santa María la Coronada ansteigt.

INFORMATION
Oficina de Turismo, Avenida de Los Remedios 2, 11150 Vejer de la Frontera,
Tel. 95 6 45 17 36, www.turismovejer.es

❹ Tarifa

Das einstige Piratennest lockt ganzjährig die internationale Surfelite an. Nur 14 km breit ist die Passage zwischen Mittelmeer und Atlantik.

SEHENSWERT
Die südlichste Stadt des europäischen Festlands wurde bereits von Iberern und Phöniziern besiedelt. Ihr Name erinnert an Tariq, der die Stadt 710 n. Chr. eroberte. Aus der maurischen Zeit stammt das **Castillo de Gúzman el Bueno** (960 erbaut, im 13. Jh. erweitert; Di.–So.). An die Rückeroberung 1292 erinnert am Stadttor **Puerta de Jerez** eine Tafel, die Teil des nicht mehr ganz vollständigen Mauerrings um die Altstadt ist.

AKTIVITÄTEN
Neben den Stränden für **Surfer** finden sich für **Mountainbiker** Trails im bergigen Hinterland. Von April bis Oktober fahren die Boote der Stiftung firmm (deutschsprachig) in die Meerenge zur **Wal- und Delfinbeobachtung** (C/ Pedro Cortés 4, Tel. 95 6 62 70 08, www.firmm.org). **Ein- oder Zweitagesausflüge** ins marokkanische Tanger bietet u. a. die Fährgesellschaft frs an (www.frs.es; Reisepass erforderlich).

HOTELS
Im Altstadthotel € € **Misiana** kann man gut entspannen (C/ Sanchez IV, www.misiana.com). Im arabischen Stil erbaut ist das in Meeresnähe liegende € € / € € € **Hurricane Hotel** mit gutem Restaurant und diversen Aktivangeboten (an der N 340, Tel. 95 6 68 49 19, www.hurricanehotel.com).

UMGEBUNG
Bolonia (17 km westl.) ist bis heute bei Aussteigern beliebt. Der weite Sandstrand, der in eine hohe Düne übergeht, und die gut erhaltenen Ruinen des römischen **Baelo Claudia** machen den Mini-Ort unverwechselbar.

»Wunderbar ist es am Morgen, wenn Cádiz erwacht. Man setzt sich auf die Plaza und kurbelt den Tag mit einem café con leche an.«

CÁDIZ UND UMGEBUNG
96 – 97

INFORMATION
Oficina de Turismo, Paseo de la Alameda, 11380 Tarifa, Tel. 95 6 68 09 93, www.aytotarifa.com/Turismo

❺ Weiße Dörfer der Sierra de Cádiz

In der Bergregion zwischen Arcos de la Frontera und Ronda liegt eine Reihe besonders sehenswerter **„pueblos blancos" TOPZIEL**. Die „Route der Weißen Dörfer" führt durch die Bergwelt der Sierra de Grazalema.

SEHENSWERT
Malerisch thront das Städtchen **Arcos de la Frontera** auf einem steil abfallenden Felsen. Beste Aussicht hat man von der Plaza de Cabildo, die vom Castillo und der Kirche Santa María de la Asunción (16. Jh.) gerahmt wird. Das Westportal der Kirche ist im Platereskenstil gestaltet. Über **Ubrique** und **Benaocaz** geht es durch die schroffe und wildromantische Welt der **Sierra de Grazalema**. Alternativ dazu empfiehlt sich die Strecke über den **Pass Puerto del Boyar** (1103 m). **Grazalema** schließlich ist der ideale Ausgangspunkt für Aktivurlauber. Das urige Städtchen, das die höchsten Niederschlagsmengen Spaniens verzeichnet, verzaubert mit seiner typischen Architektur. **Zahara de la Sierra** (ca. 15 km nördl.) ist ein Stausee vorgelagert. Im einsam gelegenen **El Gastor** (östl. des Stausees) mit schöner Aussicht versteckten sich bis ins 19. Jh. Banditen, „bandoleros". **Olvera** (ca. 20 km nordöstl. von El Gastor) mit der weithin sichtbaren Kirche Nuestra Señora de la Encarnación (16. Jh.) und das südlich gelegene **Setenil** mit seinen urigen Höhlenrestaurants wurden vom Tourismus noch kaum entdeckt. Ein Ort gehört inzwischen nicht mehr zu den Weißen Dörfern: **Júzcar, el pueblo pitufo** – das Schlumpfdorf, südlich von Setenil. 2011 strichen die Bewohner des Ortes ihre Häuser blau an, um Werbung für die Kinopremiere des Hollywood-Films „Die Schlümpfe" zu machen. Und die Wände bleiben einstweilen blau – schließlich ist Júzcar so zu einer neuen Touristenattraktion geworden.

AKTIVITÄTEN
Die Sierra de Grazalema ist ein wildromantisches **Wandergebiet**. Eine leichte, einstündige Wanderung folgt dem gut erhaltenen Römerweg von Benaocaz nach Ubrique.

HOTELS
Eindrucksvoll gelegen ist das €€€ **Parador-Hotel** im Castillo von Arcos de la Frontera (www.parador.es). Lage und Ausblick überzeugen auch beim Burghotel € **Arco de la Villa** in Zahara de la Sierra (www.tugasa.com).

INFORMATION
Oficina de Turismo, Plaza de España 1, 11610 Grazalema, Tel. 95 6 13 22 25, www.grazalema.es

Genießen   Erleben   Erfahren

In der Farbe des Himmels

DuMont Aktiv

Ist es ein Kunstwerk oder eine Apparatur? Eines der jüngeren Highlights der Fundación Montenmedio (NMAC) stammt von James Turrell. Der Lichtkünstler lässt hier den andalusischen Himmel in reiner Schönheit erleben. Für sein Werk „Second Wind 2005" ist die Architektur nur Hülle für die Farben des Himmels.

Die NMAC-Stiftung für zeitgenössische Kunst gehört zu den spannendsten Kunstzielen Andalusiens. In einem enormen Areal finden sich landschaftsbezogene Objekte von derzeit 24 renommierten Künstlern wie Marina Abramović, Olafur Eliasson, Santiago Sierra und Gregor Schneider.

James Turrell, 1943 in Los Angeles geboren, hat hier einen idealen Ort für sein Werk gefunden. Man muss sich zum „Himmelsraum" unter die Erde begeben, am besten bei Sonnenuntergang. Durch einen schmalen

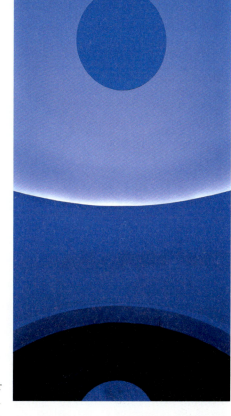

Gang erreicht man einen Raum mit einem Kuppeldach, inspiriert von einer Stupa. Durch die Öffnung oben sieht man den Himmel. Hier kann man vor seinen Augen gewissermaßen die Distanz zwischen Himmel und Erde schmelzen lassen.

Im weitläufigen Pinienhain der Stiftung sind Werke renommierter Künstler zu betrachten.

Weitere Informationen

Adresse
Fundación Montenmedio (NMAC): beim Montenmedio Golf & Country Club, www.fundacionnmac.org

Anfahrt
A 48 (N-340), km 42,5 (bei Vejer de la Fr.)

Planung
tgl. ab 10.00 und 17.00 Uhr; Winter kürzer. Zugang zu „Second Wind 2005" ab 21.30 (Sommer) und 18.00 Uhr (Winter), nach Voranmeldung

SEVILLA UND DER WESTEN

Junge, alte Stadt voller Charme

Sevilla, die lebensfrohe Hauptstadt Andalusiens, pflegt wie eh und je die Traditionen – Stierkampf, Flamenco, die Semana Santa und die rauschende Feria. Aber auch das junge und moderne Sevilla ist voller Charme und Lebenslust. Der Westen Andalusiens lockt mit schier endlosen Stränden und einem Nationalpark, der nicht nur Vogelkundler begeistert.

Touristen wie Einheimische genießen in den Gassen von Sevilla, der Hauptstadt Andalusiens, die laue Sommernacht.

Der Glockenturm, die Giralda, war einst ein Minarett, in maurischer Pracht zeigt sich auch der Alcázar der Stadt (rechts). Der Besuch in Patios wie dem der Casa de Pilatos (unten links) und natürlich in Bodegas wie dem El Rinconcillo (unten rechts) runden den Eindruck von Sevilla ab.

Die Sevillaner lieben die Extreme. Erst tragen sie tagelang Marien- und Christusfiguren durch die Gassen oder folgen ihnen als Büßer mit vermummten Gesichtern – dann, zwei Wochen später, legen sie ihre eleganteste Kleidung an, ölen das Haar oder stecken eine Blume hinein und lassen sich in einer blitzblank polierten Kutsche zur Feria bringen. Die Bilder der Semana Santa, der Karwoche, und der Feria de Abril kennt vermutlich auch, wer noch nie in Andalusien war. Sie gehören wie der Stierkampf und der Flamenco zu jenen Traditionen Südspaniens, die ebenso im Alltag wie im Klischee verwurzelt sind. Sevilla ist mit ihren rund 700 000 Einwohnern nicht nur die politische Hauptstadt Andalusiens,

Lebenslust und Dekadenz, Mythos und Tradition – so funktioniert Sevilla.

sie ist auch die ungekrönte Hauptstadt der Festfreuden. Lebenslust und Dekadenz, Mythos und Tradition und dazu noch eine gute Portion Irrationalität und Alltagsanarchie, so funktioniert Sevilla, eine Stadt, deren Charme den Besucher überwältigt.

Magische Rituale

Ja, die Semana Santa ist auch eine Touristenattraktion, ein religiöses Spektakel, ein kultisches Massenphänomen. Jahr für Jahr wird hier etwas in den Tag oder die Nacht der Gegenwart gebracht, was eigentlich nicht mehr zu unserer Zeit gehört. Und trotzdem – taucht hinter den Köpfen der Wartenden eines jener schwankenden, bis zu fünf Tonnen schweren Gefährte auf, auf denen die Muttergottes in einem Meer aus Kerzen unter einem Baldachin thront, dann kann es passieren, dass aus dem profanen Schauspiel ein ergreifendes Erlebnis wird. Das Schaudern der Menge und der

In gleißender Sonne haben sich die Erinnerungen an die römische Stadt Itálica bewahrt.

Was den Frauen bei der Feria die Kleider, sind den Männern die eng anliegenden Bolero-Jacketts, vorzugsweise beim Auftritt auf dem Rücken eines prächtigen Pferdes getragen.

Die Feria ist ein gesellschaftliches Ereignis, ein bisschen Opernball und Kostümfest. Kleidung und Haltung sind dem natürlich angemessen.

Strahlend leuchten die tiefblauen Azulejos im Mauerwerk des Palacios auf, der an der Plaza de España in Sevilla zum Verweilen einlädt.

spontane, fremd anmutende Gesang, der Zauber der Kerzen und das Schaukelnde, fast Schwebende der „pasos", der Bühnen, das Trommeln und Trompeten, all das kann anrühren. Besonders in der Nacht zum Karfreitag, wenn La Macarena, die höchstverehrte Madonna mit den Glastränen und dem Schmuck der Herzogin von Alba, durch die Nacht getragen wird.

In der Kutsche zum Stierkampf

„Die Sevillaner wollen funkeln", erklärt eine elegant gekleidete Dame das Wesen der Hauptstädter und schaut dabei auf eine Szene, die als Beweis des sprichwörtlichen Stolzes der Andalusier gelten könnte. Es sind die Tage der Feria de Abril, des großen Stadtfestes, und wie

> „Er betrat die Feria de Abril (…) und landete in einer surrealen Welt, in der alle schön und glücklich waren."
>
> Robert Wilson, Der Blinde von Sevilla

jeden Nachmittag gehören die Straßen zwischen den rund 300 Casetas, den gestreiften Leinenzelten, den Reitern und prächtig geschmückten Kutschen. In ihnen posieren meist dunkelhaarige Schönheiten in getupften Sevillana-Kleidern stolz wie Königinnen. Bevor das Fest mit Fino- und Manzanilla-Wein lauter und fröhlicher wird und in den Casetas gesungen und getanzt wird, zieht es viele zur Stierkampfarena La Maestranza. Früher aus der Kutsche zu steigen als am großen Haupttor, wo Politiker und Prominenz von den Kameras der Lokalsender erwartet werden, kommt gar nicht infrage.

Eine „verrückte" Kirche

Der Wunsch, großartig dazustehen, erfüllt nicht nur die Besucher der April-Messe. Auch der Klerus war für die

Anlaufpunkt für Christoph Kolumbus war das Kloster La Rábida vor Huelva.

Ein wohltuendes Gefühl von Weite vermitteln die Sandstrände an der Atlantikküste.

Nahe Sevilla sollte Carmona nicht übersehen werden, ein Städtchen mit bedeutender römischer Vergangenheit.

Mit einem solchen Schiff also hat Kolumbus die Weltmeere erobert. Der Nachbau bei La Rábida lässt die Leistung greifbar werden.

große Geste empfänglich. „Lasst uns eine Kirche bauen, dass die, die sie sehen, uns für verrückt halten." Das sollen laut Überlieferung die Herren des Domkapitels gesagt haben, die 1401 beschlossen, ein Gotteshaus zu errichten. Den Worten folgten Taten. Die Catedral Santa María de la Sede ist ein klares Statement von Reichtum und Macht der römisch-katholischen Kirche. Die größte Kathedrale Spaniens ist zugleich der weltgrößte gotische Kirchenbau. Wie seinerzeit üblich, wurde sie an der Stelle der Hauptmoschee errichtet, die hier aus der Zeit der Almohaden-Herrscher stammte.

Blick nach vorn

Die Stadt erlebte ihr buchstäblich Goldenes Zeitalter im 16. und 17. Jahrhundert, als die geraubten Schätze aus Lateinamerika den Guadalquivir hinaufgeschafft wurden. Auch die Malerei blühte auf. Mit den Sevillanern Diego Velázquez, Esteban Murillo und Francisco de Zurbarán erlebte die spanische Barockkunst ihren Höhepunkt. Doch Mitte des 17. Jahrhunderts wütete die Pest in den Gassen der Altstadt. Als der Guadalquivir, Sevillas Verbindung mit dem Ozean, zunehmend versandete, verlor die Stadt auch noch das Privileg, den Handel mit den neuen Kolonien abzuwickeln. Es wurde 1717 Cádiz zugesprochen.

Das junge Sevilla

Als eine Art Frischzellenkur für Wirtschaft und Kultur und überhaupt fürs Selbstbewusstsein der Sevillaner wurde 1929 die Iberoamerikanische Ausstellung veranstaltet, deren positive Effekte aber mit dem Spanischen Bürgerkrieg verpufften. Es dauerte dann noch mal ein halbes Jahrhundert, genauer gesagt bis zur Weltausstellung von 1992, bis Sevilla den Mut zur Gegenwart fand. Seitdem hat sich viel getan. Metro und Straßenbahn sorgen für eine bessere Infrastruktur, das Viertel La Macarena und die neu gestaltete Alameda de Hercules wurden sicherer, sauberer und zum Trendspot. Die Flussseite erfuhr eine Umgestaltung, und es entwickelt sich neben dem traditionellen Sevilla eine neue Kultur. Schicke Restaurants, neue Läden werden von einem jungen, internationalen Publikum besucht. Verlässt man den touristischen Kernbereich zwischen Maestranza und Kathedrale, spürt man das Lebendige. Sichtbare Veränderung: die Plaza de la Encarnación mit den riesigen pilzförmigen Schattenspendern, dem „Metropol Parasol", den das Büro J. Mayer H. Architects aus Berlin entworfen hat.

Industrielandschaft

Zu den schönsten Landschaften Andalusiens zählt das Mündungsgebiet des Rio Tinto sicher nicht. Von der kleinen Anhöhe bei Palos de la Frontera, wo das Kloster La Rábida sich unter mächtigen Pinien duckt, zeigt sich ein komplexes Bild: Im Süden sieht man Meer und Sand zwischen qualmenden Schloten petrochemischer Industrieanlagen durchschimmern, im Westen einen Fluss mit salzverkrusteten Rändern und dahinter die Großstadt Huelva, von deren Hafen-

Mit Kolumbus veränderte sich das Wissen der Welt.

einfahrt eine monströse Skulptur grüßt. Der steinerne Koloss stellt Kolumbus dar und ist ein Geschenk der amerikanischen Botschaft aus den 1950er-Jahren.

Hafen zur Neuen Welt

Der Rio Tinto vereint sich hier mit dem Rio Odiel. Ihre Wasser haben einst den Genueser Kolumbus von hier aus bis in

Die Marismas, das Feuchtgebiet im Mündungsdelta des Guadalquivir, waren einst königliches Jagdrevier.

Es bedarf einiger Kraft, die aufwendig geschmückten Wagen bei der Wallfahrt in El Rocío vorwärtszubewegen.

Wildpferde, gut geschützt im Nationalpark Coto de Doñana

FLAMENCO

Flamenco lernen in Sevilla

Special

Von klein auf mit dabei: Flamencotänzerinnen bei der Feria de Abril

Niemand weiß genau, woher er kam, noch wie er zu seinem Namen kam. Sicher ist, dass der Flamenco seit etwa 200 Jahren in Andalusien gesungen und getanzt wird und dass die Sippen der „Zigeuner", die Gitanos, viel zu seiner Entwicklung beigetragen haben.

Der „cante jondo", der tiefe Gesang, wird von der Gitarre und dem kunstvollen Händeklatschen („palmas") begleitet. Der Rhythmus („compas") unterscheidet sich in den gut 30 Liedformen wie „bulería, fandango, sevillana, soleá" und anderen. Wie der Gesang und die Gitarre hat sich der Tanz zu einer äußerst anspruchsvollen Kunstform entwickelt. In praktisch jeder Stadt Andalusiens gibt es Flamencoschulen. Allein Sevilla zählt mehr als 30. Warum also nicht einen Sprachkurs durch einen Flamencokurs ergänzen (s. S. 110)? Manche Schulen bieten auch Tageskurse an.

eine neue Welt getragen. Es gibt keinen besseren Ort, das launische Glück des Entdeckers, das Auseinanderklaffen von großen Träumen und kleinlicher Realität nachzuempfinden. Zwischen dem Kloster La Rábida, Palos de la Frontera und Moguer, abseits der großen Hafenstädte, veränderte sich das Wissen der Welt. Kolumbus kam mit seinem Sohn 1483 zu Fuß aus Portugal und bat an der Pforte des Klosters La Rábida um Bett und Nahrung. Palos wird Jahre später dazu bestimmt, dem hartnäckigen Träumer drei Schiffe bereitzustellen, sie mit Proviant auszustatten und Männer zu bestimmen, die mit ihm, einem Unbekannten, ans Ende der Welt fahren.

Englischer Einfluss

Die Engländer haben eine besondere Zuneigung zu Andalusien, wie man etwa an den sesshaft gewordenen Briten rund um Málaga sieht. Auch in ökonomischer und kultureller Hinsicht haben sie den Andalusiern gezeigt, welche Reichtümer die Region besitzt. Das war beim Vino de Jerez so wie auch beim Tagebau im Norden Huelvas. Von der Coto de Doñana konnten zwei Briten nicht genug bekommen. Mit ihren Büchern machten sie schon um 1900 auf den einmaligen Artenreichtum des heutigen Nationalparks aufmerksam.

FLAMENCO

Tanz in die Stille

Der Flamenco ist Andalusien wie auf den Leib geschnitten. Die Tiefe der Emotionen, das Klagende und Leidenschaftliche dieser Kunst lässt niemanden kalt. Die Tänzerin Eva Yerbabuena bringt all dies nahe.

Ungeachtet aller Klischees über den Flamenco gibt es immer wieder Künstler, die ihn neu interpretieren und so sein Geheimnis lebendig werden lassen. Die Tänzerin Eva Yerbabuena ist eine dieser Ausnahmeerscheinungen. Sie hat u. a. mit Joaquín Cortés, Mikhail Baryshnikov und Pina Bausch zusammengearbeitet und bei den Kinofilmen „Flamenco Women" und „Hotel" von Mike Figgis mitgewirkt. Sie lebt und arbeitet in Dos Hermanas bei Sevilla.

Sie nennen sich nach einer wilden Minze-Art. Wie kamen Sie zu dem Namen „Yerbabuena"? Einige Jahre, nachdem ich mit meiner Laufbahn im Flamenco begonnen hatte, sagte der Gitarrist Francisco Manuel Díaz zu mir: „Eva, du musst dir einen Künstlernamen zulegen", und er verwies auf den ‚cantaor' [Sänger] Frasquito Hierbabuena, der den ‚fandango' begründet hat. – Seitdem nenne ich mich so.

Sie sind in Deutschland geboren. Ja, in Frankfurt. Ich habe aber nur fünfzehn Tage in Deutschland verbracht und bin in Granada aufgewachsen, in einer Familie, die keine Verbindung zum Flamenco hatte.

Dennoch haben Sie sehr früh mit dem Flamencotanz begonnen. Wie kam es dazu? Ich fühle mich vom Flamenco erwählt. Meine Eltern ließen mich bei meinen Großeltern im Dorf Ojíjares, das liegt drei Kilometer von Granada entfernt. Im Haus lebte auch meine Tante. Sie erzählte später, dass sich, immer wenn im Radio Flamenco lief, mein Gesichtsausdruck verändert hätte und ich ganz nervös geworden sei. Als ich sieben oder acht Jahre alt war, sagte sie zu meinen Eltern: „Warum bringt ihr Eva nicht in eine Schule, wo man tanzen lernt?" Meine erste Schule schließlich war in einem alten Schuppen untergebracht, wo ein Mädchen uns dreimal die Woche Sevillana- und Rumba-Tänze lehrte. Mit zwölf ging ich zu Pepita Verdones nach Granada. Wir lernten klassischen spanischen Tanz und Ballett, was ich hasste, weil es schrecklich langweilig war.

Heute begeistert Ihre Kunst auch Menschen, die weder Spanien noch seine Kultur kennen. Der Flamenco verbindet unterschiedliche Kulturen, die in Andalusien aufeinandertrafen. Manche sagen, der Flamenco habe sich von Cádiz aus entwickelt.

Der Flamenco fand auch Eingang in die Malerei auf Azulejos, wie hier farbenprächtig in Sevilla.

„Die Stille ist der Moment nach dem Gesang, nach dem Verstummen der Gitarren."

Der Flamenco ist in Andalusien von großer Bedeutung, entsprechend stilvoll ist die Kleidung.

Flamenco in Sevilla

Flamencoshows
Klassiker des Sevillatourismus sind Flamencoshows. Eine Auswahl aus dem breiten Angebot:

El Arenal: C/ Rodo 7
www.tablaoelarenal.com

Museo del Baile Flamenco: C/ Manuel Rojas Marcos 3
www.museodelbaileflamenco.com

Los Gallos: Plaza de Santa Cruz 11
www.tablaolosgallos.com

Alle zwei Jahre wird die *Bienal de Flamenco* veranstaltet.

Flamencokurse

Farruco (Schule des berühmten Flamenco-Clans):
http://farrucos.com

Flamencowerkstatt: C/ Peral, 49 – 1º,
www.tallerflamenco.com

Carmen de Torres: C/ Lepanto 7,
Castilleja de la Cuesta (ca. 10 km westl. vom Zentrum Sevillas),
www.flamenco-carmendetorres.com

Manche sehen seine Wurzeln in Indien oder Afrika, wieder andere sagen, dass er zur arabisch-muslimischen Musik gehört. Alle diese Kulturen kamen nach Spanien und wurden hier zu einer neuen. Entscheidend ist, was der Flamenco mit dir macht, was er einen fühlen lässt. Es gibt Abertausende von Menschen, die sich mit ihm identifizieren können.

Gibt es eine Definition für den Flamenco? Man hört häufig, Flamenco sei eine Art zu leben. Früher war das so, er gab den Menschen die Möglichkeit herauszuschreien, was sie sonst nicht sagen durften. Sie sangen über ihre Sorgen, ihr Leben und ihre Wünsche.

Welche Wege gibt es heute, um Freude oder Schmerz auszudrücken? Für mich ist es der Tanz. Auf der Bühne kann ich frei sein – auch wenn es nur für eine sehr kurze Zeit ist. Aber immerhin kann ich sagen, dass die Freiheit existiert und dass ich sie durch den Flamenco kennengelernt habe.

Was gehört alles dazu, damit dieses Gefühl entsteht? Alles, die Gitarren, der Gesang, das Klatschen – alles einschließlich der Stille. Die Stille ist wie eine Tür nach innen, zu dem, was wir am meisten fürchten. Es ist der Moment nach dem Gesang, nach dem Verstummen der Gitarren. Es gibt eine Stille, in der du dich ganz allein wiederfindest.

„Wenn jeder Interpret zeigt, dass Flamenco nicht dieses Klischee aus Feiern, Tupfenkleidern, Kastagnetten ist, wenn wir fähig sind zu zeigen, wie tief der Flamenco ist, mache ich mir keine Sorgen, wenn der Flamenco auch im Tourismus eine Rolle spielt."

INFOS & EMPFEHLUNGENSEVILLA UND DER WESTEN
112 – 113

Lebensfreude um Giralda und Flamenco

Andalusiens großer Fluss, der Guadalquivir, prägt auch den Westen des Landes. Von der schillernden Hauptstadt Sevilla fließt er nach Süden, durch den Nationalpark Coto de Doñana. Die waldreiche Sierra Aracena im Norden wird bei Natur- und Wandertouristen immer beliebter.

Sevilla

Mit Carmen, Don Juan oder dem Barbier von Sevilla wurde sie zum Mythos. Heute ist die Stadt auf dem besten Weg, an die Größe der Vergangenheit anzuschließen. Sevilla (700 000 Einw.) ist das unbestrittene Zentrum Andalusiens mit malerischer Altstadt, Kulturschätzen wie der größten Kathedrale Spaniens mit dem Giralda-Turm und sinnenfreudigen Festen.

SEHENSWERT

La Giralda, der von einem Sebka-Muster überzogene Glockenturm der Kathedrale **TOPZIEL**, ist das weithin sichtbare Wahrzeichen der Stadt. Im Innern führt eine Rampe bis zur Aussichtsplattform des ehemaligen Minaretts. Von 1402 bis 1517 erfolgten die wesentlichen Arbeiten an der Kathedrale Santa María, dem drittgrößten Gotteshaus der Welt. Im 16. Jh. kommen die **Capilla Real,** die Sakristei sowie die Spitze des Giralda-Turms im Renaissancestil hinzu. Im Innern des fünfschiffigen gotischen Kirchenbaus beeindruckt das 23 m hohe Altarretabel (1490) der **Capilla Mayor** von Pieter Dancart. In der Capilla Real sind u. a. die Könige Ferdinand III., Alfons X., Peter I. beigesetzt. Vor der **Puerta de San Cristóbal,** auf der Südseite, befindet sich das Grabmal des Christoph Kolumbus. Die **Sacristía Mayor,** die Hauptsakristei, ebenfalls an der Südseite, wartet mit Gemälden von Murillo und liturgischen Prunkstücken wie Las Tablas Alfonsinas, einem aus Bergkristall und Edelsteinen gearbeiteten Reliquiar, auf (Sommer: Mo. 11.00–15.30, 16.30–18.00 Uhr nach Voranmeldung, Di.–Sa. 11.00–17.00, So. 14.30–18.00 Uhr).

Gegenüber dem Haupteingang der Kathedrale wurde im 16. Jh. die Casa Lonja erbaut, um die Börse aufzunehmen. Seit 1785 ist hier das **Archivo General de las Indias** untergebracht. Es bewahrt den Schriftverkehr Spaniens mit seinen Kolonien in Lateinamerika (Mo.–Sa. 9.30 bis 16.45, Sa. und So. 10.00–14.00 Uhr). Nur wenige Schritte, und der **Real Alcázar** ist erreicht. Die Residenz der spanischen Könige geht auf eine maurische Festung aus dem 9. Jh. zurück. In ihrer arabisch anmutenden Pracht erinnert sie an die Alhambra, wurde allerdings vom christlichen König Peter I., dem Grausamen, im 14. Jh. in Auftrag gegeben. Dessen Palast beherbergt den Patio de los Doncellas mit Marmorsäulen und die Sala de los Embajadores, den zweigeschossigen Saal mit einer Stalaktitenkuppel. Zur Anlage gehören wundervolle **Gärten** (tgl. ab 9.30 Uhr).

An die Kathedrale und den Real Alcázar grenzt das malerische Viertel **Barrio de Santa Cruz** an. Dort befindet sich das **Hospital de los Venerables Sacerdotes** mit Fresken von Valdés Leal (Plaza de los Venerables 8, tgl. ab 10.00/16.00 Uhr). Weiter nördlich begeistert die **Casa de Pilatos,** ein Palast (16. Jh.) mit hinreißenden Patios, filigraner Keramik und Marmor (tgl. 9.00–18.00/19.00 Uhr). Südlich des Alcázar und der Universität erreicht man den **Parque María Luisa,** wo 1929 die Iberoamerikanische Ausstellung stattfand. Hauptgebäude ist der **Palacio Español** an der Plaza de España, der spanische Architekturstile zitiert. Er ist mit Azulejos verkleidet.

Flussaufwärts gelangt man zur **Stierkampfarena La Maestranza.** Die 1765 fertiggestellte Arena ist die größte Andalusiens (tgl. 9.30–19.00/20.00 Uhr; an Tagen mit Corrida nur bis 15.00 Uhr). Zwischen Zentrum und La Macarena liegt die **Plaza de la Encarnación,** von der Stadtskulptur **Metropol Parasol** genießt man eine gute Aussicht.

Der Altarraum der Kathedrale Santa María de la Sede in Sevilla weist wie der ganze Innenraum üppigen Schmuck auf.

MUSEEN

Gemälde von Velázquez, Murillo und Zurbarán finden sich im **Museo de Bellas Artes** (Plaza del Museo, Di.–So. ab 10.00 Uhr). Hochkarätige Malerei beherbergt auch das **Hospital de la Caridad** westlich des Alcázar, das im 17. Jh. von einem gewissen Miguel de Mañara gestiftet wurde, dessen Lebenswandel in der Erzählung von Don Juan Geschichte wurde (tgl. ab 9.30 Uhr).

Folgt man einer der Straßen zum Guadalquivir, stößt man auf ein weiteres Wahrzeichen der Stadt, den **Torre del Oro** (13. Jh.). Im Innern des zwölfeckigen Turms schildert das **Museo Marítimo** die Geschichte Sevillas als Handelshafen (Di.–Fr. 9.30–18.00, Sa. und So. 10.30 bis 18.00 Uhr). In der Stierkampfarena informiert anschaulich das Museo Taurino.

Auf der anderen Flussseite hat die zeitgenössische Kunst im einstigen Kloster La Cartuja ihren Platz, dem **Centro Andaluz de Arte Contemporáneo** (Av. Américo Vespucio 2, Di.–So. ab 11.00 Uhr). Auf dieser Seite informiert das **Centro Cerámica Triana** über die Tradition der Produktion der Azulejos, der bemalten Kacheln (C/ Antillano Campos 14, Di.–Sa. 10.00 bis 14.00, 17.00–20.00, So. 10.00–15.00 Uhr).

> **Tipp**
>
> ### Ein großes Angebot
>
> El Jueves ist ein besonderer Donnerstag. Ab 10.00 Uhr am Morgen füllt sich die Calle Feria im Stadtteil La Macarena mit Ständen. Von betagten Dingen des täglichen Bedarfs bis zu Marienfiguren oder vergilbten Postern von La Macarena – wer ein kurioses Souvenir sucht, wird auf dem **Flohmarkt von Sevilla** sicher fündig. Sonntags treffen sich die Trödler dann einige Straßen weiter auf der Alameda de Hércules.

INFOS & EMPFEHLUNGEN

AKTIVITÄTEN
Kutschfahrten gehören zu Sevilla (Abfahrt: Kathedrale und Stierkampfarena). 30-minütige **Bootsfahrten** auf dem Guadalquivir starten beim Torre del Oro (11.00–19.00 Uhr).

ERLEBEN
Vor allem Kinder und Jugendliche finden den **Vergnügungspark Isla Mágica** auf dem Expogelände von 1992 großartig (www.islamagica.es). **Flamencoshows**: s. S. 110.

VERANSTALTUNGEN
Während der **Semana Santa TOPZIEL** finden über 50 Prozessionen statt. Das farbenfrohe **Stadtfest Feria de Abril** ist auch der Höhepunkt der Stierkampfsaison. Ein breites Programm bietet das Sommerfestival **Festival de Verano** im Juli.

EINKAUFEN
Das Haupteinkaufsgebiet liegt zwischen der Plaza Nueva und der Plaza Duque de la Victoria. Neue Läden finden sich zunehmend in den Stadtteilen San Vicente und La Macarena.

UMGEBUNG
Bei Santiponce (8 km nordwestl.) liegt **Itálica,** die erste römische Stadt auf der Iberischen Halbinsel. Das 25 000 Besucher fassende Amphitheater, die Grundmauern vieler Häuser und einige Mosaiken blieben erhalten (Di.–So.). **Niebla** (67 km westl.) ist von einer rotbraunen Stadtmauer umschlossen, die wesentlich aus der Zeit der Mauren stammt (Oficina de Turismo, C/ Campo del Castillo). **Carmona** (35 km östl.) betritt man durch mächtige Portale. Die Iglesia Santa María (15./16. Jh.) besitzt eine filigrane Artesonado-Decke und einen maurisch geprägten Innenhof. Malerisch sind die Gassen der Altstadt. In der Unterstadt in Richtung Sevilla gelangt man zum römischen Amphitheater und der Necrópolis romana. Etwa 1000 Gräber wurden hier zwischen dem 2. Jh. v. Chr. und dem 4. Jh. n. Chr. angelegt (C/ Jorge Bonsor, Di.–So. 9.00–15.30 Uhr).

INFORMATION
Oficina de Turismo, Plaza del Triunfo 1, Tel. 95 4 21 00 05, www.visitasevilla.es. Weitere Büros am Paseo de las Delicias 9 sowie am Bahnhof Santa Justa, am Flughafen und an der Av. de la Constitución 21, www.sevilla.org.
Oficina de Turismo, Alcázar de la Puerta de Sevilla, Tel. 95 4 19 09 55, www.turismo.carmona.org

❷ Sierra de Aracena

Ruhige Orte ohne Touristentrubel, gute Wandermöglichkeiten und gemäßigte Temperaturen machen die Sierra immer beliebter.

SEHENSWERT
An der Grenze zu Portugal und der Extremadura liegt der 184 000 ha große **Naturpark.** Hauptort der Region ist **Aracena,** das von einem Burgberg und der Templerkirche Nuestra Señora de los Dolores (12.–14. Jh.) überragt wird. In den Berg führt die **Gruta de las Maravillas,** eine Tropfsteinhöhle mit unterirdischen Teichen und riesigen Sälen (C/ Pozo de la Nieve, tgl. 10.00–13.30 und 15.00–18.00 Uhr).

Die Sierra de Aracena wie die Sierra Nevada bieten viele Wandermöglichkeiten. Unterwegs fällt der Blick immer wieder auf Korkeichen.

AKTIVITÄTEN
Der Naturpark Sierra de Aracena y Picos de Aroche bietet sich vor allem zum **Wandern** an. Eine kleine Tour von knapp 6 km führt ab Almonaster la Real zum Cerro San Cristóbal. Der Ausgangspunkt befindet sich am Ortseingang, gegenüber der Bar „La Palmeras".

UMGEBUNG
Almonaster la Real (27 km westl.; s. S. 45) erreicht man über eine schöne Bergstrecke, die an den sehenswerten Orten **Linares de la Sierra** und **Alájar** vorbeiführt. Schon in römischer Zeit wurde im Gebiet bei **Nerva** und **Minas de Riotinto** (37 km südl. von Aracena) nach Erzen gegraben.

INFORMATION
Oficina de Turismo Aracena, C/ Pozo de la Nieve (am Eingang zur Höhle Gruta de las Maravillas), Tel. 95 9 12 82 06, www.aracena.es, www.sierradearacena.com

❸ Palos de la Frontera / Kolumbus-Route

Vom weißen Dorf Palos de la Frontera an der Mündung des Rio Tinto startete Christoph Kolumbus am 3. August 1492 zu seiner ersten Entdeckungsreise nach Amerika. Zur Ruta Colombina gehören das Kloster La Rábida, Moguer und der Kai mit Schiffsnachbildungen.

SEHENSWERT
Kolumbus' erste Anlaufstation in Spanien war das **Monasterio de La Rábida** vor der Küste von Huelva (Di.–Sa. 10.00–13.00, 16.00–18.15, Sommer: bis 19.00, So. 10.45–13.00, 16.45 bis 20.00 Uhr). Am Fuß des Hügels befindet sich der botanische Garten **Jardín Botanico José Celestino Mutis,** dessen iberisch-lateiname-

> **Tipp**
> ### Tief in der Erde
> Über 300 Meter tief wurde bei **Minas de Riotinto** nach Erzen gegraben. Der größte Tagebau Europas ist seit 2001 stillgelegt und kann besichtigt werden. Am besten erlebt man den Ort von einem Waggon der historischen Bahn aus: Bei einer Fahrt wird europäische Industriekultur lebendig. Über die Geschichte des Bergbaus informiert das **Museo Minero.**
>
> #### INFORMATION
> Tickets und Information im Museo Minero, Minas de Riotinto, tgl. 10.30 bis 15.00 und 16.00–19.00/20.00 Uhr, www.parquemineroderiotinto.com

»Andalusien ist in jeder Hinsicht besonders. Das Klima, das Licht, die Leute, das ergibt diese mannigfaltigen Arten zu sein ...«

SEVILLA UND DER WESTEN
114 – 115

rikanische Pflanzenwelt an Samstagen und Sonntagen besucht werden kann. Hauptattraktion der **Muelle de las Carabelas**, des „Kais der Karavellen", sind die Nachbauten der drei Kolumbusschiffe (Di.–So. 10.00–20.00, Winter: bis 19.00 Uhr). Am Brunnenhaus La Fontanilla (15. Jh.) unterhalb der Kirche San Jorge in **Palos de la Frontera** wurden die Karavellen mit Wasser versorgt.

AKTIVITÄTEN
Im Tourismuszentrum **Mazagón** (12 km südöstl.) beginnt neben dem Sporthafen ein Sandstrand, der sich über 30 km erstreckt.

UMGEBUNG
In den einstigen Werften von **Moguer** (7 km nordöstl.) wurde die Karavelle La Niña, eines der Boote von Kolumbus, gebaut. Der Convento de Santa Clara (14. Jh.) beherbergt ein Museum für sakrale Kunst. Sehenswert ist der Convento de San Francisco mit der mit üppigem Azulejos-Schmuck ausgestatteten Kirche (16. Jh.). Zwischen den Flussmündungen des Rio Odiel und Rio Tinto liegt die Provinzhauptstadt **Huelva**, ein Wirtschaftsstandort.

INFORMATION
Oficina de Turismo, C/ Castillo, o. N., 21800 Moguer, Tel. 95 9 37 18 98, www.visithuelva.com

❹ Parque Nacional Coto de Doñana

Der größte Nationalpark Spaniens besteht aus Marschland, Pinienwäldern, Wanderdünen und Küstenzonen. Seit 1969 wird das Gebiet zwischen Sanlúcar de Barrameda, El Rocío und Matalascañas als Nationalpark geschützt.

SEHENSWERT
Die **Marschen** sind von Herbst bis Frühling überflutet. Dies ist die beste Zeit, um bis zu 300 verschiedene Vogelarten zu beobachten.

UMGEBUNG
El Rocío **TOPZIEL** in der Doñana ist Spaniens berühmtester Pilgerort. Jedes Jahr vor Pfingsten machen sich gut eine Million Rocineros auf den Weg, um der Jungfrau vom Morgentau zu huldigen. Mit seinen Sandwegen und den Holzveranden hat El Rocío etwas von einem Westerndorf (Oficina de Turismo, Av. Canaliega o. N., www.rocio.com). Am Rand des Nationalparks liegt **Matalascañas**, ein Ferienort mit Sandstränden. An der Straße nach Mazagón erklärt das Museo del Mundo Marino Aspekte des Meereslebens (www.parquedunar.es).

INFORMATION
Besucherzentrum El Acebuche: ca. 4 km von Matalascañas, Tel. 95 9 43 96 29;
Besucherzentrum La Rocina: A-483 El Rocío nach Matalascañas, km 2, Tel. 95 9 43 95 69;
Besucherzentrum Palacio El Acebrón: 6 km ab La Rocina

Genießen   Erleben   Erfahren

Der Park ruft – Tour auf vier Rädern

Bilder, die man nicht vergessen wird – solche Eindrücke sind bei einer Tour ins Innere des Nationalparks Doñana garantiert. 35 Kilometer freier Strand, Dünen, die jährlich einen halben bis drei Meter wandern, all dem kommt man mit dem Geländewagen näher.

Der Fahrer des grünen Gelände-Unimogs versucht vergeblich, eine schaukelfreie Passage durch den unberührten Sand zu finden. In den Blicken seiner Fahrgäste lösen sich im Süden Strand und Meer in einem graublauen Nebel auf.

Auf einem Sandplateau hält der Fahrer. Zwölf Glückliche, die einen Platz für die begehrte Doñana-Tour bekommen haben, steigen aus, schauen über die unberührte Natur aus Marschland, Pinienwäldern und Wanderdünen. Auf den schmalen Wegen der Rocío-Pilger geht es weiter durch das dicht bewaldete ehemalige königliche Jagdgebiet. Auf einer weiten, feuchten Freifläche sehen sie halbwilde Pferde grasen, ein Schwein der schwarzen spanischen Rasse hat sich dazugesellt sowie einige Reiher und Rinder. Im Park leben auch Wildschweine, Hirsche, Wildpferde und der seltene Pardelluchs.

Einige Gäste versuchen sich unterwegs die Dimension von 50 720 ha vorzustellen, die dieses Weltnaturerbe umfasst, das zusätzlich von einem ca. 50 000 ha großen Schutzraum umgeben ist.

Später geht es an die Mündung des Guadalquivir, einen Ort, wo jedes Jahr Millionen von Zugvögeln überwintern. Der Strand gehört den zahlreichen Krebsen. Wiederum etwas weiter stehen unter hohen Pinien alte, reetgedeckte Rundhütten. Noch immer gibt es eine Handvoll Familien, die in der einsamen Natur leben, auch Fischerhütten kauern zwischen den Dünen.

Schaukelnd geht's durch die Dünen.

Weitere Informationen
Start: Infozentrum El Acebuche (A-483, km 37,8), Tel. 95 9 43 04 32, www.donanavisitas.es
Dauer: 4 Stunden
Abfahrt: Sommer: tgl. 8.30 und 17.00, Winter: tgl. 8.30 und 15.00 Uhr
Alternative: Das Ausflugsboot „Real Fernando" macht, ab Sanlúcar de Barrameda den Guadalquivir hinauffahrend, Station im Park (3,5 Std.). Ablegestelle: Steg an der Av. Bajo de Guia, beim Besucherzentrum Fábrica de Hielo, www.visitasdonana.com

Ansichten von Andalusien: Patio in einem Hotel in Sanlúcar, Prozession bei der Semana Santa, mächtige Stützen der Höhle bei Antequera.

Service

Keine Reise ohne Planung. Auf den folgenden Seiten haben wir für Sie Wissenswertes und wichtige Informationen für Ihren Andalusien-Urlaub zusammengefasst.

Anreise

Mit dem Auto: Für die meisten Ziele in Andalusien führt die kürzeste Route über Lyon, Montpellier, Barcelona und Murcía. Die Strecke über San Sebastián und Madrid kann für Ziele im Westen günstiger sein. Die Autobahnen in Frankreich und einige Abschnitte in Spanien sind kostenpflichtig.

Mit der Bahn: Die schnellste Strecke geht über Paris, Madrid bis Sevilla oder Málaga mit den Hochgeschwindigkeitszügen TGV in Frankreich und AVE in Spanien. Alternativ und für Reisende aus der Schweiz und Österreich bietet sich die Strecke über Barcelona nach Granada an (www.renfe.es).

Mit dem Flugzeug: Diese Anreise ist bei rechtzeitiger Buchung meist die günstigste Variante. Die Flughäfen Málaga, Jerez de la Frontera, Sevilla und Almería werden u. a. von Air Berlin/Condor, Lufthansa, Niki, Ryanair, Swiss und Tuifly von Deutschland, Österreich und der Schweiz aus angeflogen.

Auskunft

Deutschland
Spanisches Fremdenverkehrsamt Berlin
Litzenburgerstr. 99 (5. OG),
10707 Berlin
Tel. 03 0 882 65 43, berlin@tourspain.es

Myliusstr. 14, 60323 Frankfurt/Main
Tel. 06 9 72 50 33,
frankfurt@tourspain.es

Postfach 15 19 40, 80051 München
Tel. 08 9 53 07 46 11, munich@tourspain.es

Österreich
Walfischgasse 8/14, A-1010 Wien
Tel. 01 51 29 58 0-11, viena@tourspain.es

Schweiz
Seefeldstrasse 19, 8008 Zürich
Tel. 04 4 2 53 60 50, zurich@tourspain.es

Andalusien im Internet
www.spain.info Hauptseite des spanischen Fremdenverkehrsamtes
www.andalucia.org Hauptseite des Tourismusamtes von Andalusien
www.andalusien.info Geschichte, Essen und Trinken, Kultur, Land und Leute, Städte und Regionen, Sport
www.andalusien-web.com Land und Leute, Städte und Provinzen, Rundreisen, Aktivurlaub, Spanischkurse
www.andalucia.com Alles, aber auch wirklich alles über Andalusien
www.juntadeandalucia.es Website der andalusischen Regierung, auch mit gutem Touristikteil
www.visitasevilla.es/de Website mit einem breiten Angebot zum Urlaub in und um Sevilla

Autofahren

An Dokumenten sind Ausweis, nationaler Führerschein, Fahrzeugschein und Versicherungsnachweis mitzuführen. Die Höchstgeschwindigkeit beträgt 50/90/120 km/h (Stadt, Landstraße, Autobahn). Wer außerorts etwa wegen einer Panne aus dem Auto steigt, ist verpflichtet, eine Signalweste anzulegen.
Hohe Geldbußen bei überhöhter Geschwindigkeit, Falschparken und Telefonieren ohne Freisprechanlage schmälern die Reisekasse. Gelbe Randstreifen bedeuten Halteverbot, in blau markierten Zonen muss ein Parkschein gelöst werden. Zur Anmietung eines Mietwagens braucht man Ausweis, Führerschein und Kreditkarte. Mindestalter oft 21 Jahre. Da die Konditionen variieren, sollte man genau auf die Vertragspunkte (Deckungssumme, Freikilometer, Selbstbeteiligung) achten.

Camping

Von den mehr als 180 Campingplätzen Andalusiens befinden sich die meisten in Küstennähe. Die wenigen Plätze im Landesinnern sind teilweise nur zur Sommersaison geöffnet. Die Plätze der ersten Kategorie sind am besten ausgestattet. Mit entsprechend weniger Komfort muss man in der zweiten und dritten Kategorie rechnen. Wildes Campen ist nur in speziell ausgewiesenen Zonen, den „Areas de Acampada Libre", möglich. In Naturparks wie etwa der Sierra Nevada dürfen Wanderer eine Nacht campieren, sofern sie sich vorher in den jeweiligen Besucherzentren registriert haben.

Essen und Trinken

Die Küche Andalusiens ist so vielfältig wie ihre Regionen. Fisch und Meeresfrüchte sind überall dort zu finden, wo das Meer ganz nah ist.

Äußerst schmackhaft und erfrischend ist der Gazpacho.

Traditionelle Küche: Die traditionelle Küche ist eher einfach. Tomaten, Paprika, Knoblauch ergänzen oder sind Grundlage zahlreicher Gerichte, ebenso wie das gesunde Olivenöl und der köstliche luftgetrocknete Schinken.
Das arabische Erbe zeigt sich in der Kombination von süß und salzig wie bei frittierten Auberginen in Honig oder bei klebrig-süßen Gebäckleckereien mit Anis und Zimt. Übrigens bekommt man nach wie vor in vielen Klöstern selbst gemachtes Gebäck.

Mahlzeiten: Der Andalusier begnügt sich zum Frühstück mit einem Croissant *(cruasan)* oder getoastetem Weißbrot, das mit Öl und Salz, Butter und Marmelade oder mit passierten Tomaten bestrichen wird. Dazu wird meist ein recht dunkler Milchkaffee *(café con leche)* getrunken und ein Glas frisch gepresster Orangensaft.
Das Mittagessen *(comida* oder *almuerzo)* wird je nach Jahreszeit zwischen 14.00 und 15.00 Uhr eingenommen. Viele Lokale bieten ein dreigängiges Tagesmenü an *(menu del día)*. Opulente Abendessen *(cena)* sind im Süden weniger üblich als in anderen Teilen Spaniens. Gerne nimmt man stattdessen einige Tapas zu sich. Tapas können frittierte oder eingelegte Sardinen *(boquerones)* sein, Weißbrotscheiben, die einfach oder kunstvoll belegt wurden *(montaditos)*, Kroketten *(crocetas)*, Fleischbällchen *(albondigas)*, frittierte Kartoffelstücke mit scharfer Sauce und vieles mehr. Tapas ist lediglich die Bezeichnung für eine kleine Portion, im Unterschied zur größeren *ración*. Zum Abendessen geht man in der Regel erst ab 21.00 Uhr, in den Sommermonaten auch noch später.

Feiertage, Feste

1. Januar – Año Nuevo (Neujahr)
6. Januar (Hl. Drei Könige)
28. Februar – Día de Andalucía
19. März – San José (Hl. Josef)
1. Mai
24. Juni – San Juan (Johannes der Täufer)
29. Juni – San Pedro y San Pablo (St. Peter und Paul)
25. Juli – Santiago (Apostel Jakobus)
15. August – Asunción (Mariä Himmelfahrt)
12. Oktober (Entdeckung Amerikas)
1. November – Todos los Santos (Allerheiligen)
6. Dezember – Día de la Constitución (Tag der Verfassung)
8. Dezember – Immaculada Concepción (Mariä Empfängnis)
25./26. Dezember – Navidades (Weihnachten)
31. Dezember – Noche Vieja (Silvester)

Große Feste
Januar: Cabalgata de los Reyes (Einzug der Hl. Drei Könige; 5.1.)
Feb./März: Carneval (besonders sehenswert in Cádiz)
Ostern: Semana Santa (Karwoche). Die Karwoche wird praktisch in allen Gemeinden gefeiert. Eine kleine Auswahl lohnender Orte zur Karwoche: Antequera, Arcos de la Frontera, Baena, Baeza, Córdoba, Granada, Huelva, Jaén, Málaga, Ronda, Sevilla, Úbeda (siehe auch im jeweiligen Kapitel). Ostersonntag finden Stiertreiben in Véjer de la Frontera und Arcos de la Frontera statt.
April: Romería de la Vírgen de la Cabeza, Prozession mit Massenbeteiligung bei Andújar; Feria de Abril in Sevilla
Mai: Cruces del Mayo (Fest der Maikreuze) in Córdoba und Granada; Festival de los Patios Córdobeses (Fest der Innenhöfe); Feria del Caballo (Pferdefest) in Jerez de la Frontera; Feria de Primavera (Frühlingsfest) in El Puerto de Santa María; Feria de la Manzanilla in Sanlúcar de Barrameda
Pfingsten: Romería del Rocío, die bedeutendste Wallfahrt in Andalusien, nach El Rocío
Juni/Juli: Festival Internacional de Música y Danza de Granada (Internationales Musikfestival, www.granadafestival.org); Romería Nacional de los Gitanos (Wallfahrt der „Zigeuner") in Cabra; Festival de la Cueva: Ballett, Oper und Konzerte in der Tropfsteinhöhle von Nerja (www.cuevadenerja.es)
August: Carreras de Caballo (Pferderennen) am Sandstrand von Sanlúcar de Barrameda (www.carrerassanlucar.es); Stadtfeste (Ferias): Antequera, Algeciras, Almería, Huelva, Linares, Málaga
September: Fiesta del Vino (Weinfest) in Jerez de la Frontera und Montilla; Fiesta de Pedro Romero (Stierkampffestival) in Ronda mit Corida Goyesca, Stierkampf in histor. Kostümen
November: Festival de Jazz de Granada. Internationale Jazzgrößen treffen sich in Granada (www.jazzgranada.net).

Daten & Fakten

Landesnatur: Andalusien ist mit einer Fläche von 87 597 km² die zweitgrößte autonome Region Spaniens (Comunidad Autónoma). An der Meerenge bei Tarifa trennen die südlichste Provinz Spaniens nur 14 km vom afrikanischen Kontinent.
In etwa parallel zur Landesgrenze nach Kastilien und zur Extremadura im Norden verläuft die Sierra Morena, ein waldreicher und dünn besiedelter Gebirgszug. Weiter östlich liegen die Gebirge Sierras de Cazorla, Segura y Las Villas (Gipfel: Las Cabañas 2028 m). Dort entspringt der Guadalquivir. Südlich der Landeshauptstadt mündet er in einem weiten Schwemmland-Delta, den „marismas", in den Atlantik. Die Sierra Nevada hat mit dem Mulhacén (3478 m) den höchsten Gipfel des spanischen Festlandes.

Klima/Reisezeit: Vor allem im Landesinnern, im Gebiet zwischen Córdoba, Sevilla und Jerez de la Frontera, kann es im Juli und August so heiß werden, dass man sich bis zum Abend kaum in der Sonne aufhalten mag. Badetemperaturen herrschen an der Mittelmeerküste etwa von April bis Oktober. Deutlich kühler ist es an der Atlantikküste. In Herbst und Winter bleibt es in Küstennähe angenehm mild.

Bevölkerung: 8,4 Mio. Menschen leben in Andalusien. Die größten Städte sind Sevilla (700 000), Málaga (568 000), Córdoba (328 000) und Granada (240 000).

Politik: Das Parlament der Autonomen Region Andalusien hat seinen Sitz in der Landeshauptstadt Sevilla. Ministerpräsidentin ist seit 2013 Susana Díaz Pacheco von der Partido Socialista Obrero Español (PSOE); seit den Regionalwahlen Anfang 2015 regiert sie in einer Minderheitsregierung.

Sprache: Amtssprache ist Spanisch. Der meist zu hörende Dialekt ist Andaluz.

Wirtschaft: Andalusien ist in Bezug zum Bruttoinlandprodukt pro Kopf das zweitärmste Bundesland Spaniens.
Im Dienstleistungsbereich, zu dem der Tourismus zählt, werden ca. 70 % erwirtschaftet. Landwirtschaft und Fischfang steuern 10 % zum Bruttoumsatz bei, Industrie und Bauwirtschaft 20 %.

Vogelparadies und Plankenweg in die Natur an der Coto de Doñana

Beim Besuch einer Flamenco-Aufführung lässt sich einiges vom Wesen Andalusiens erspüren.

Geschichte

Ab 2500 v. Chr.: Megalithkultur. Besiedlung von Los Millares nördlich von Almería.
1100 v. Chr.: Die Phönizier gründen Gadir, das heutige Cádiz.
8.–6. Jh. v. Chr.: Thartessos, das im Mündungsgebiet des Guadalquivir vermutet wird, erlebt seine Blüte.
ab 7. Jh. v. Chr.: Die Griechen legen Häfen an der Mittelmeerküste an, die ab dem 6. Jh. v. Chr. von den Karthagern erobert werden.
ab 206 v. Chr.: Römische Herrschaft.
ab 409 n. Chr.: Die Westgoten dringen von Norden nach Iberien ein.
711: Tariq ibn-Nasyr landet bei Tarifa. Beginn der Eroberung der Iberischen Halbinsel.
756: Córdoba wird zum Emirat.
929: Abd ar-Rahman III. ernennt sich zum Kalifen. Blüte der arabischen Kultur.
1086–1147: Herrschaft der Almoraviden.
1147–1212: Herrschaft der Almohaden.
1238: Gründung des Nasriden-Reichs.
1492: Abschluss der Reconquista: Eroberung Granadas durch die Katholischen Könige. Kolumbus macht sich auf in die Neue Welt.
1516: Der spätere Karl V. tritt als Carlos I. die spanische Thronfolge an.
16. Jh.: Mit der Ausbeutung Lateinamerikas erlebt Andalusien sein Goldenes Zeitalter.
1714: Nach dem Spanischen Erbfolgekrieg übernehmen die Bourbonen mit Philipp V. den Thron. Gibraltar wird britisch.
1808–1814: Unabhängigkeitskrieg gegen Frankreich. Verabschiedung der ersten liberalen Verfassung in Cádiz.
ab 1834: Politische Unruhen, Karlistenkriege.
1873–1874: Erste Spanische Republik. Restauration der Monarchie mit Alfonso XII.
1931: Abdankung Alfonsos XIII., zweite Republik.
1936–1939: Nach dem Putsch durch General Francisco Franco kommt es zum Bürgerkrieg. Sieg der Franquisten, Diktatur Francos.
1975: Franco stirbt. Juan Carlos I. wird König und legt die Weichen für eine demokratische Verfassung.
1977: Erste demokratische Wahlen.
1981: Andalusien stimmt für ein Autonomiestatut.
1986: Spanien tritt der EG bei.
1992: Sevilla feiert die Weltausstellung EXPO.
1998: Umweltkatastrophe, giftige Bergabwasser dringen in den Nationalpark Coto de Doñana.
2000: Nach dem Mord eines Marokkaners an einer Bewohnerin des Ortes El Ejido in der Provinz Almería kommt es dort zu tagelangen rassistischen Ausschreitungen.
2007: Neues Autonomiestatut für Andalusien.
2008: Beginn der Immobilienkrise und Weltwirtschaftskrise. Die Arbeitslosigkeit in Andalusien steigt auf 37 % – die höchste Quote in Spanien.
2015/16: Nach den Krisenjahren wächst die andalusische Wirtschaft wieder. Die Arbeitslosigkeit bleibt jedoch hoch.

Geld

Bargeld lässt sich an Geldautomaten (mehrsprachige Menüs), in Banken und Wechselstuben abheben (werktags 9.00–14.00 Uhr, Wechselstuben meist bis zum Abend). Bargeldloses Einkaufen ist mit **Kreditkarten** problemlos möglich. Weniger gebräuchlich sind die in Deutschland beliebten EC- oder Maestro-Karten.
Allgemeine **Sperrnummer** bei Kartenverlust ist 0049 116 116.

Gesundheit

Notruf/Erste Hilfe: 112.
Krankenversicherung: Üblicherweise müssen gesetzlich Versicherte dem Arzt die Krankenversicherungskarte vorlegen, die den Vermerk der EHIC – Europäische Krankenversicherungskarte aufweist. Kosten, die vor Ort zu bezahlen sind, werden von Krankenkassen später zumindest teilweise gegen Quittung erstattet.
Apotheken: Halb- oder ganztags geöffnet haben Apotheken mit dem Hinweis „12 h" oder „24 h" (Adressen u. a. in der Tageszeitung).

Hotels

Preiskategorien

€€€€	Doppelzimmer	über 200 €
€€€	Doppelzimmer	140–200 €
€€	Doppelzimmer	80–140 €
€	Doppelzimmer	bis 80 €

Von einfachen Pensionen (mit dem Kürzel P) über Hostals (HS) bis zu **Hotels** mit 5 Sternen und dem Kürzel GL (Gran Lujo) reicht die Bandbreite der Unterkünfte in Andalusien. Günstiger sind im Allgmeinen die **Casas Rurales** (www.raar.es; www.ahra.es).
20 **Jugendherbergen** *(albergues juveniles)* gibt es in Andalusien. Nicht alle haben das ganze Jahr über geöffnet. Buchung über das spanische Jugendherbergswerk (www.inturjoven.com).

Kinder

Spaßbäder: Wasserrutschen und anderes mehr zum Badevergnügen gibt es im Sommer im Aquopolis in Sevilla (www.aquopolis.es), im Aquatropic in Almuñecar (www.aqua-tropic.com), in Puerto de Santa María (www.aqualand.es) wie auch in Mijas (www.aquamijas.com; ca. 30 km westlich von Málaga).
Wissen und Geschichte: Im Parque de las Ciencias von Granada wird Wissenschaft lebendig (www.parqueciencias.com). Spannend ist auch eine Besichtigungstour mit einer historischen Bahn durch das Tagebaugebiet von

SERVICE

Reisedaten

Flug von und nach Deutschland: Frankfurt am Main – Málaga ab 220 Euro
Inlandsverkehr: Zugfahrt Sevilla – Málaga ab 25 Euro
Reisepapiere: Personalausweis oder Reisepass
Mietwagen: ab 150 Euro pro Woche
Benzin: ca. 1,45 Euro
Hotel: DZ/Frühstück: Luxuskat. ab 180 Euro, Mittelklasse ca. 90 Euro
Ferienhaus: Hochsaison: einfach ab 300 Euro/Woche
Menü à la carte: 3 Gänge mit Wein pro Person ab 25 Euro
Einfaches Essen: Tapas ca. 2,50 Euro
Ortszeit: MEZ

Riotinto (www.parquemineroderiotinto.com). Die Entdeckungsfahrten des Christoph Kolumbus werden nirgendwo anschaulicher als auf den Schiffsnachbauten an der Muelle de las Carabelas bei La Rábida. Denn an der Küste wurden dem Entdecker Schiffe zur Verfügung gestellt.

Literatur

Baedeker Reiseführer Andalusien (Ostfildern 2016): Alles rund um Kultur, Kunst, Sehenswürdigkeiten, aber auch Genuss ist hier zu finden. Ausführliche Städtebeschreibungen, gutes Kartenmaterial.
Washington Irving: **Erzählungen von der Alhambra** (Verlag Rosenoire 1999). Der amerikanische Schriftsteller und Diplomat reist 1829 von Sevilla nach Granada, wo er einige Räume in der Alhambra bezieht und mit seinen romantischen Schilderungen das künftige Andalusienbild prägt.
Antonio Muñoz Molina: **Die Stadt der Kalifen** (rororo 1994). Gut erzählter Geschichtsband über das arabische Córdoba.
Paul Ingendaay: **Gebrauchsanweisung für Andalusien** (Piper Verlag 2014). Ebenso kurzweilig wie kenntnisreich werden kulturelle und gesellschaftliche Eigenheiten Andalusiens und seiner Bewohner genauer unter die Lupe genommen.
Robert Wilson: **Andalusisches Requiem** (Goldmann 2010) ist der vierte Fall von Inspektor Javier Falcón. Der Sevillaner ermittelt im Sumpf des organisierten Verbrechens.

Öffnungszeiten

Banken: Mo.–Fr. 8.30–14.30, mitunter auch Sa. 9.00–13.00 Uhr.
Geschäfte: Mo.–Fr. 9.30–13.30 und 17.00 bis 20.00, Sa. 9.00–13.00 Uhr oder auch durchgehend.

Post

Briefmarken gibt's in Postämtern *(oficina de correos)* oder Tabakläden *(estancos)*. Wer einen Standardbrief oder eine Postkarte innerhalb der EU verschickt, zahlt derzeit 0,90 €.

Restaurants

Preiskategorien

€€€€	Hauptspeisen	über 20 €
€€€	Hauptspeisen	15–20 €
€€	Hauptspeisen	10–15 €
€	Hauptspeisen	5–10 €

Meist sind sie 13.00–16.00, 19.00–24.00 Uhr geöffnet, Sonntagabend oft geschlossen. In Tourismuszentren servieren sie auch nach deutschen Essenszeiten.
Tapaslokale: Urig und gemütlich sind beispielsweise das La Castañeda (C/ Almireceros 1), Los Diamantes (C/ Navas 26) oder die Taberna La Tana (C/ Rosario) in Granada, die Casa Puga (C/ Jovellanos 7) in Almería, El Gallo Azul (C/ Larga 2) in Jerez, El Rinconcillo (C/ Gerona 40) und Cinco Jotas (C/ Castelar 1) in Sevilla.

Souvenirs

Typisches **Kunsthandwerk** in Andalusien sind Keramiken aus Níjar und Jaén; Azulejos; Silberschmuck aus Córdoba; Lederwaren aus Granada, Córdoba und Ubrique. In Granada sind vor allem Gitarren, Intarsienarbeiten *(taracea)* und Keramiken *(fajalauza;* Calle Reyes Católicos u. a.) interessant. Guadix ist bekannt für seine Töpferwaren. Seit den 1970er-Jahren haben Aussteiger und Kunsthandwerker die Region der Alpujarras für sich entdeckt. Hier werden Jarapa-Teppiche gewebt.
Kulinarisch erinnern auch zu Hause noch Mandeln, Honig, Jamón Ibérico (Jabugo), Sherry und Brandys aus Jerez de la Frontera an den Aufenthalt in Andalusien. In der kühlen Bergluft von Trevélez reift ein köstlicher Serranoschinken. Olivenöl wird in verschiedenen Orten angeboten. In der Casa del Aceite (Paseo de la Constitución 9) und der Casa Cantos (San Pablo 10) in Baeza zum Beispiel findet man eine große Auswahl regionaler Olivenöle oder bei Aceites Vizcántar am Ortsrand von Priego de Córdoba (in Richtung Zagrilla).

Sport

Golf: In Andalusien kann man das ganze Jahr über Golfen. Platzinformationen finden sich auf der Seite des andalusischen Golfverbandes (www.rfga.org). Eine große Anzahl an Plätzen liegt zwischen Gibraltar und Málaga.
Klettern: Gute Reviere finden sich bei der Garganta del Chorro südwestlich von Antequera und bei Bolonia in der Nähe von Tarifa. Vom Minidorf Betis bei Bolonia (westl. der E 05) geht es ins Klettergebiet von San Bartolo mit rund 250 Routen.
Radfahren: Für Mountainbiker und Radwanderer sind die früheren Bahnstrecken Vías Verdes ideale Routen (www.viasverdes.com). Ein Radsporthotel mit Werkstatt und Renn-Miethrädern ist Iberostar Royal Andalus in Chiclana,

Das Schneiden des Jamón Ibérico will gelernt sein.

SERVICE

das u. a. über Radreisen von Max Hürzeler zu buchen ist (www.bicycle-holidays.com). Beliebt bei Radsportlern ist auch die Landschaft der Sierra Subbética.
Reiten: Pferdegestüte haben in Andalusien eine jahrhundertealte Tradition. Von daher gibt es auch an Höfen, die Ausritte von einigen Stunden bis zu mehreren Tagen anbieten, keinen Mangel. Deutschsprachig sind u. a. Aventura Ecuestre beim Hotel Dos Mares in Tarifa (www.aventuraecuestre.com) und Rancho La Paz bei Fuengirola (www.rancho-la-paz.com). Eine weitere Adresse ist das Hotel Hurricane (http://hotelhurricane.com/en) in Tarifa, das geführte Reitausflüge anbietet.
Ski: Das Skigebiet Sierra Nevada verfügt über 100 Pistenkilometer auf Höhen zwischen 3300 und 2100 m (www.sierranevada.es).
Tauchen: Beste Tauchreviere und Tauchschulen finden sich etwa in La Herradura bei Nerja oder in San José im Naturpark Cabo de Gata-Níjar.
Wandern: Abwechslungsreiche Wanderregionen mit akzeptablen Wegenetzen sind die Sierra Nevada einschließlich der Alpujarras, der Parque Nacional de Torcal, die Sierra de Cazorla, Sierra Aracena und der Nationalpark Coto de Doñana. Wanderer freuen sich auch an der hügeligen Landschaft der Sierra Subbética.
Wassersport: Kite- und Windsurfer jagen bei Tarifa in der Passage zwischen Mittelmeer und Atlantik über die Wellen. Wellenreiter finden in El Palmar bei Conil de la Frontera (14 km westl.) gute Bedingungen.

Telefon

Vorwahlen aus Spanien: Deutschland 0049, Österreich 0043, Schweiz 0041.
Bei der Rufnummer muss die erste 0 der Orts- oder Mobilfunkvorwahl weggelassen werden. Bei Anrufen nach Spanien wählt man 0034 und die komplette Rufnummer, wie auch innerhalb Spaniens immer die komplette Rufnummer. An Telefonzellen kann man mit Münzen oder Telefonkarten telefonieren (gibt es im Tabakladen). Beim Roaming lässt sich Geld sparen.

Wellness

Kaum ein Hotel der 4- oder 5-Sterne-Kategorie, das nicht ein Spa mit entsprechenden Behandlungsangeboten im Programm hätte. Die traditionelle arabische Badekultur wird in den modernen Hamams gepflegt (www.hammamandalus.com). Beim Städtchen Alhama de Granada auf halber Strecke zwischen Málaga und Granada strömen heiße Quellen aus der Erde, die schon die Römer in Bäder gefasst haben (www.balnearioalhamadegranada.com).

Info

Wetterdaten Málaga

	TAGES-TEMP. MAX.	TAGES-TEMP. MIN.	TAGE MIT NIEDER-SCHLAG	SONNEN-STUNDEN PRO TAG
Januar	18°	9°	6	6
Februar	19°	10°	5	6
März	20°	11°	4	7
April	23°	15°	3	9
Mai	28°	18°	3	9
Juni	30°	19°	2	10
Juli	31°	21°	0	11
August	30°	20°	0	10
September	29°	16°	2	8
Oktober	24°	13°	4	7
November	19°	10°	5	6
Dezember	17°	9°	6	5

El Torcal mit seiner Aussicht zieht Besucher gruppenweise an.

Register

Fette Ziffern verweisen auf Abbildungen

A
Algatocín **18**, 18, **58**, 65
Algeciras 18
Almería 18, **28**, 29, 35
Almodóvar del Río 78
Almonaster la Real 19, **45**, 45, 114
Almuñécar 34
Altiplano **26**, 27
Antequera 65, **116**
Aracena 19, 114
Arcos de la Frontera **88**, 97

B/C
Baena **78**, 79
Baeza **36/37**, 41, **42**, **43**, 44, 47
Bedmar **38**, 47
Bolonia 85, 96
Cabo de Gata 18, **19**, 35
Cádiz **8/9**, 11, **45**, 45, 61, **82**, **83**, 83, 92, **95**, 95
Calahonda **28**
Carmona **104**, 114
Castellar de la Frontera 64, **88**
Cazorla 18, 41, **48**, 49
Chipiona **80/81**, 96
Comares **44**, 44
Conil de la Frontera 19, 120
Córdoba **44**, 45, 61, **66/67**, **68–71**, 69, 71, **77**, 77
Costa de la Luz 85, 95
Costa del Sol 31, 44, **50/51**, 53, 57, 59, 63, 64, 65, 85, 119
Coto de Doñana **107**, 107, **115**, 115, **118**

E/F/G
El Puerto de Santa María 90, 95, 117
El Rocío **106**, 115, 117
Embalse del Tranco 18
Frigiliana **12/13**, 61, 64
Fuengirola 63
Fuente Vaqueros 27
Gaucín 18, **64**, 65
Gibraltar 55, **56**, **57**, 57, **63**, 64
Granada **16/17**, **20/21**, **22–25**, 23–25, **33**, 33, **34**, 44, **61**
Grazalema **88**
Guadix 18, 31, 34

H/I/J
Huelva **104**, 105, 115
Huerta de San Vicente 27, 33, 34
Itálica **102**, 114
Jaén **40**, **41**, 41, 43, **47**, 47
Jerez de la Frontera 60, **86**, **89**, 89, 92, **95**, 96

K/L
Kolumbus-Route 114
La Calahorra **26**, 27, 31, 34

La Carolina **39**, 39
La Rábida (Kloster) **104**, **105**, 105, 107
Lobo Park 65
Los Alpujarras 27, 34
Los Caños de Meca **19**, 19, **84**
Los Millares 35, 118

M/N/O
Málaga **52**, **53**, 53, **54**, **63**, 63
Marbella 55, **56**, 57, **64**, 64
Medina Azahara 70, 71, **74**, **75**, 74, 75, 78
Minas de Riotinto 19, **114**, 114
Mirador de la Alpujarra 35
Mirador del Estrecho 19
Moguer 107, 115
Nerja **51**, **54**, 64
Orcera **39**, 49
Osuna 78

P/Q/R
Palos de la Frontera 105, 107, 114
Paraje Natural El Torcal **54**, 65, 120
Parque Nacional Coto de Doñana siehe Coto de Doñana
Parque Natural Cabo de Gata-Níjar 35, 120
Poqueira-Tal 34
Pradollano 34
Priego de Córdoba 43, 45, **72/73**, 73, 79
Puerto de la Palomas 19
Puerto de la Ragua 27, 35
Quesada 49
Ronda 18, 55, **58**, **59**, 59, 64
Ruta Federico García Lorca 34

S
Salobreña **29**, 35
San José 18, 35
Sanlúcar de Barrameda 60, 96, **116**
Segura de la Sierra 49
Sevilla **14/15**, **30**, 31, 61, **98/99**, **100–103**, 101, 103, 105, **107**, 107, **109**, 109, 110, **113**, 113, **116**
Sierra de Aracena 19, 45, **114**, 114
Sierra de Cádiz 97
Sierra de Cazorla **18**, 18, **19**, 19, **48**, 49
Sierra de Despeñaperros 39
Sierra de Grazalema **10/11**, 59, 97
Sierra de Tejeda 64
Sierra Mágina 38, 43, 47
Sierra Morena 71, 78, 117
Sierra Nevada 25, **27**, 27, **34**, 34, **35**, 35, 116
Sierras de Cazorla, Segura y Las Villas 41, **49**, 49
Sierra Subbética 45, 72, **73**, **79**, 79

T/U/V
Tabernas-Wüste 27, **29**, 29, **31**, 35

Tarifa **83**, **85**, 87, 96
Teba 44, **45**
Torremolinos 63
Trevélez 34
Úbeda 41, **42**, **43**, 44, 48
Ubrique 97, 119

Vejer de la Frontera **84**, 96
Vía Verde **79**, 79

Z
Zahara de la Sierra 19, **96**, 97
Zuheros **77**, 79

Impressum

4. Auflage 2016
© DuMont Reiseverlag, Ostfildern

Verlag: DuMont Reiseverlag, Postfach 3151, 73751 Ostfildern, Tel. 0711/4502-0, Fax 0711/4502-135, www.dumontreise.de
Geschäftsführer: Dr. Thomas Brinkmann, Dr. Stephanie Mair-Huydts
Programmleitung: Birgit Borowski
Redaktion: Christiane Wagner (Konzeption & Redaktion)
Text und Aktualisierung 2016: Lothar Schmidt
Exklusiv-Fotografie: Arthur F. Selbach
Titelbild: laif/Redux/VWPics/Nano Calvo (Myrtenhof, Patio de los Arrayanes, in den Nasridenpalästen der Alhambra)
Zusätzliches Bildmaterial: José Luis Alvarez 108, Corbis/Otto Barthurst/JAI 64 oben, Corbis/Pietro Canali/Grand Tour 14/15, Corbis/Laurie Chamberlain 109 oben, Corbis/Jim Cornfield 61 links oben, Corbis/Franz Marc Frei 48 unten, Corbis/Harpur Garden Library 64 unten, Corbis/Lawton/photocuisine 60 rechts, Corbis/Stephen Rafferty/Eye Ubiquitous 60 links, Corbis/Anthony West 114 rechts oben, DuMont Bildarchiv/Sabine Lubenow 78 rechts oben, F1 online/Antonio Real/AGE 49 unten, Fundación NMAC, Montenmedio 97 oben und unten (© James Turrell 97 oben), Getty Images/Geographic Photos/Universal Images Group 113 links oben, Getty Images/Panoramic Images 118 links unten, Glowimages 18 rechts, Huber Images/Günter Gräfenhain 18 links, Huber Images/Maurizio Rellini 8/9, Huber Images/Reinhard Schmid 19 rechts oben, Huber Images/Riccardo Spila 19 rechts unten, laif/Gonzales 115 unten, laif/hemis.fr/Bertrand Rieger 115 Mitte, laif/Hemisphere 111, laif/Huber 106 unten, laif/Kirchgessner 77 oben, laif/Paul Langrock/Zenit 30, 31 unten, laif/Redux/VWPics/Nano Calvo 61 rechts oben, laif/Guenter Standl 35 unten, Lobo Park 65 unten, Look/age fotostock 45 rechts, Look/age fotostock 45 rechts, Look/age fotostock 45 rechts unten, 90, Look/Kay Maeritz 10/11, Look/Jürgen Richter 50/51, mauritius images/age 44 rechts, 95 links, mauritius images/Alamy 19 oben links, 44 links, 91 Mitte, mauritius images/Rolf Hicker 75 unten, mauritius images/Imagebroker/José Antonio Moreno Castellano 45 links oben, mauritius images/Imagebroker/Thomas Dressler 31 oben, mauritius images/Sabine Lubenow 98/99, mauritius images/Martin Siepmann 34 links, mauritius images/United Archives/De Agostini 45 links unten, Lothar Schmidt 75 oben, Stockfood/Jörg Lehmann 119; iStock 60 oben, 61 links unten, shutterstock 18 oben, 19 unten, 35 oben, 44 oben, 49 oben, 79 oben
Zitatquellen: Ulrich Weisner, in: Picassos letzte Bilder, Ausst.-Kat. Kunsthalle Bielefeld, Ostfildern 1994, S. 231 (S. 53), Robert Wilson, Der Blinde von Sevilla, München 2004, S. 636 (S. 103), Eva Yerbabuena (S. 114 unten)
Grafische Konzeption, Art Direktion, Layout: fpm factor product münchen
Cover Gestaltung: Neue Gestaltung, Berlin
Kartografie: © MAIRDUMONT GmbH & Co. KG, Ostfildern
Kartografie Lawall (Karten für „Unsere Favoriten")
DuMont Bildarchiv: Marco-Polo-Straße 1, 73760 Ostfildern, Tel. 0711/4502-266, Fax 0711/4502-1006, bildarchiv@mairdumont.com

Für die Richtigkeit der in diesem DuMont Bildatlas angegebenen Daten – Adressen, Öffnungszeiten, Telefonnummern usw. – kann der Verlag keine Garantie übernehmen. Nachdruck, auch auszugsweise, nur mit vorheriger Genehmigung des Verlages. Erscheinungsweise: monatlich.

Anzeigenvermarktung: MAIRDUMONT MEDIA, Tel. 0711 450 23 33, Fax 0711 45 02 10 12, media@mairdumont.com, http://media.mairdumont.com
Vertrieb Zeitschriftenhandel: PARTNER Medienservices GmbH, Postfach 810420, 70521 Stuttgart, Tel. 0711 72 52-212, Fax 0711 72 52-320
Vertrieb Abonnement: Leserservice DuMont Bildatlas, Zenit Pressevertrieb GmbH, Postfach 810640, 70523 Stuttgart, Tel. 0711/7252-265, Fax 0711/7252-333, dumontreise@zenit-presse.de
Vertrieb Buchhandel und Einzelhefte: MAIRDUMONT GmbH & Co. KG, Marco-Polo-Straße 1, 73760 Ostfildern, Tel. 0711 45 02 0, Fax 0711 45 02 340
Reproduktionen: PPP Pre Print Partner GmbH & Co. KG, Köln
Druck und buchbinderische Verarbeitung:
NEEF + STUMME premium printing GmbH & Co. KG, Wittingen, Printed in Germany

Lieferbare Ausgaben

Die Kanaren sind vom Klima begünstigt – beste Voraussetzung für herrliche Strandtage.

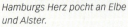

Hamburgs Herz pocht an Elbe und Alster.

Hamburg

Deutschlands Tor zur Welt
Der Hafen ist das Aushängeschild der Hansestadt, aber Hamburg hat natürlich noch weit mehr zu bieten, wir präsentieren alle Highlights.

Urbane Visionen
Aus alten Hafenvierteln werden trendige Stadtteile. Erleben Sie das „neue" Hamburg.

Shopping hanseatisch
Hamburger Trend-Labels und Traditionshäuser, hier kaufen Sie zwar nicht günstig, aber gut!

Teneriffa
La Palma · La Gomera · El Hierro

Paradiesische Inseln
Sie wissen noch nicht wohin? Wir stellen Ihnen die Westkanaren ausführlich in Bild und Wort vor.

Exklusiv wohnen
Warum sich nicht mal etwas Besonderes gönnen, die besten Adressen auf Teneriffa und den kleinen Kanareninseln.

Wandern mit Aussicht
Unsere Favoriten – die neun erlebnisreichsten Wanderungen auf den Kanaren.

www.dumontreise.de

DEUTSCHLAND
119 Allgäu
092 Altmühltal
105 Bayerischer Wald
120 Berlin
162 Bodensee
121 Brandenburg
175 Chiemgau, Berchtesg. Land
013 Dresden, Sächs. Schweiz
152 Eifel, Aachen
157 Elbe und Weser, Bremen
125 Erzgebirge, Vogtland
168 Franken
020 Frankfurt, Rhein-Main
059 Fränkische Schweiz
112 Freiburg, Basel, Colmar
028 Hamburg
026 Hannover zw. Harz u. Heide
042 Harz
062 Hunsrück, Naheland, Rheinhessen
023 Leipzig, Halle, Magdeburg
131 Lüneburger Heide, Wendland
133 Mecklenburgische Seen
038 Mecklenburg-Vorpommern
033 Mosel
114 München
047 Münsterland
015 Nordseeküste Schleswig-Holstein
006 Oberbayern
161 Odenwald, Heidelberg
035 Osnabrücker Land, Emsland
002 Ostfriesland, Oldenb. Land
164 Ostseeküste Mecklenburg-Vorpommern
154 Ostseeküste Schleswig-Holstein
136 Pfalz
040 Rhein zw. Köln und Mainz
079 Rhön
116 Rügen, Usedom, Hiddensee
137 Ruhrgebiet
149 Saarland
080 Sachsen
081 Sachsen-Anhalt
117 Sauerland, Siegerland
159 Schwarzwald Norden
045 Schwarzwald Süden
018 Spreewald, Lausitz
008 Stuttgart, Schwäbische Alb
141 Sylt, Amrum, Föhr
142 Teutoburger Wald
170 Thüringen
037 Weserbergland
173 Wiesbaden, Rheingau

BENELUX
156 Amsterdam
011 Flandern, Brüssel
070 Niederlande

FRANKREICH
055 Bretagne
021 Côte d'Azur
032 Elsass
009 Frankreich Süden Languedoc-Roussillon
019 Korsika
071 Normandie
001 Paris
115 Provence

GROSSBRITANNIEN/IRLAND
063 Irland
130 London
138 Schottland
030 Südengland

ITALIEN/MALTA/KROATIEN
017 Gardasee, Trentino
110 Golf von Neapel, Kampanien
163 Istrien, Kvarner Bucht
128 Italien, Norden
005 Kroatische Adriaküste
167 Malta
155 Oberitalienische Seen
158 Piemont, Turin
014 Rom
165 Sardinien
003 Sizilien
140 Südtirol
039 Toskana
091 Venedig, Venetien

GRIECHENLAND/ ZYPERN/TÜRKEI
034 Istanbul
016 Kreta
176 Türkische Südküste, Antalya
148 Zypern

MITTEL- UND OSTEUROPA
104 Baltikum
122 Bulgarien
094 Danzig, Ostsee, Masuren
169 Krakau, Breslau, Polen Süden
044 Prag
085 St. Petersburg
145 Tschechien
146 Ungarn

ÖSTERREICH/SCHWEIZ
129 Kärnten
004 Salzburger Land
139 Schweiz
144 Tirol
147 Wien

SPANIEN/PORTUGAL
043 Algarve
093 Andalusien
150 Barcelona
108 Costa Brava
025 Gran Canaria, Fuerteventura, Lanzarote
172 Kanarische Inseln
124 Madeira
174 Mallorca
007 Spanien Norden, Jakobsweg
118 Teneriffa, La Palma, La Gomera, El Hierro

SKANDINAVIEN/NORDEUROPA
166 Dänemark
153 Hurtigruten
029 Island
099 Norwegen Norden
072 Norwegen Süden
151 Schweden Süden, Stockholm

LÄNDERÜBERGREIFENDE BÄNDE
123 Donau – Von der Quelle bis zur Mündung
112 Freiburg, Basel, Colmar

AUSSEREUROPÄISCHE ZIELE
010 Ägypten
053 Australien Osten, Sydney
109 Australien Süden, Westen
107 China
024 Dubai, Abu Dhabi, VAE
160 Florida
036 Indien
027 Israel
111 Kalifornien
031 Kanada Osten
064 Kanada Westen
171 Kuba
022 Namibia
068 Neuseeland
041 New York
048 Südafrika
012 Thailand
046 Vietnam